住吉大社

住吉大社 編

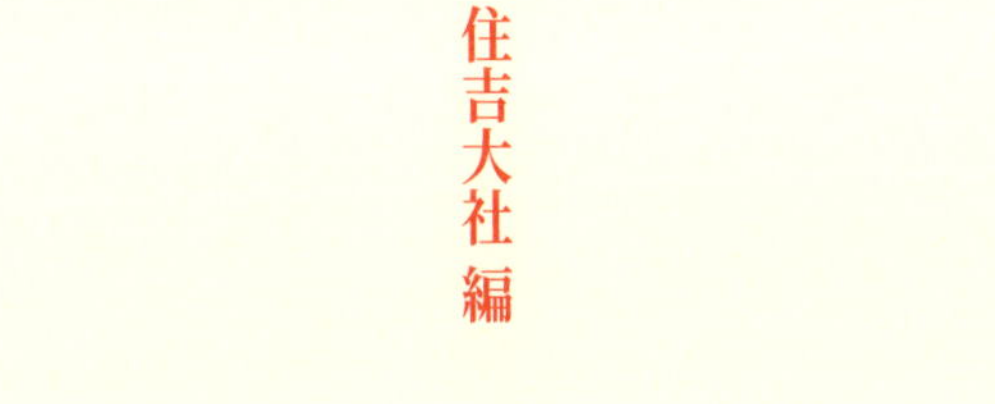

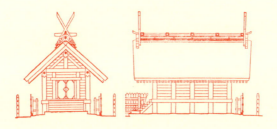

▲空から見た住吉大社本殿

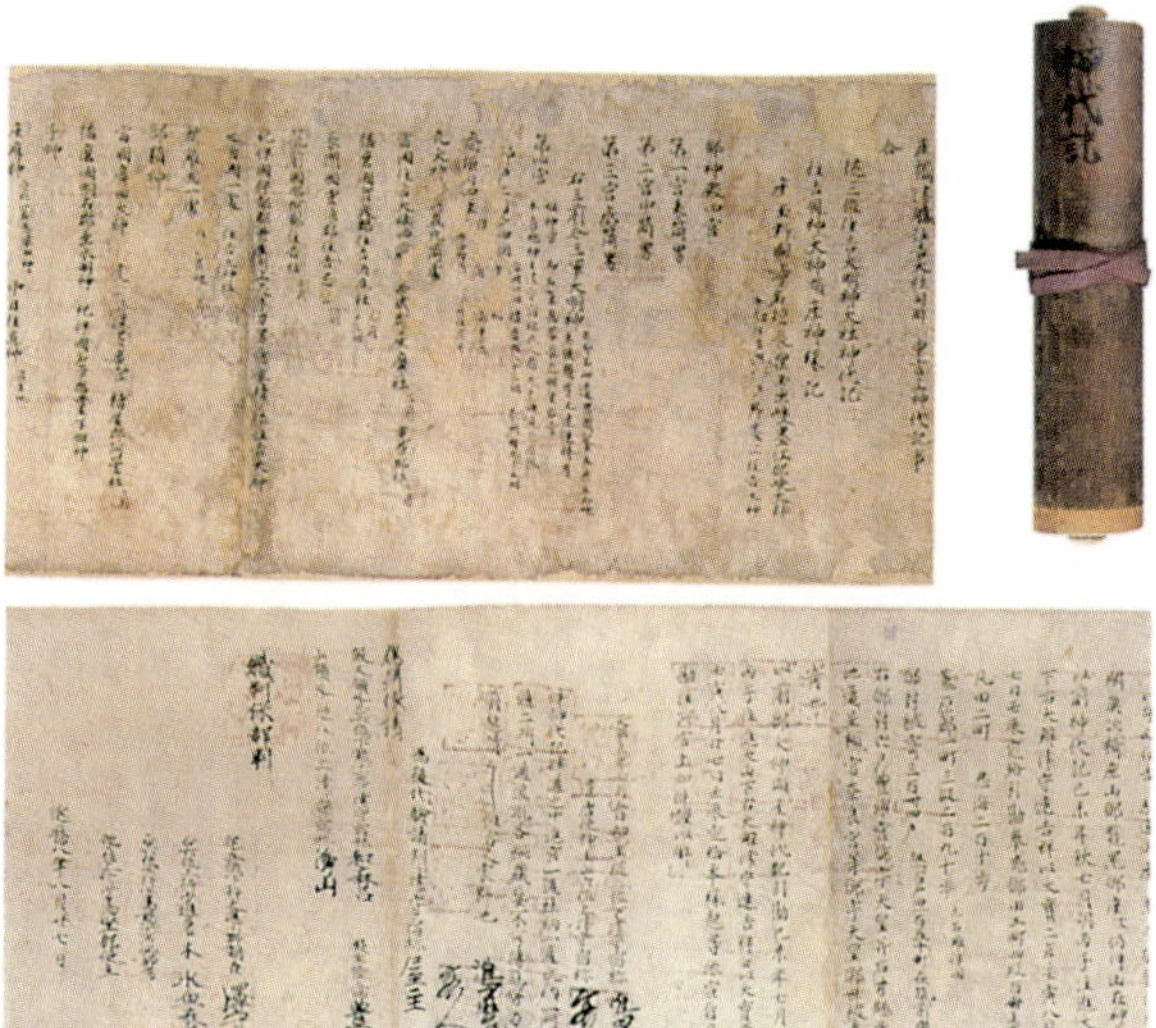

▲住吉大社神代記

はしがき

住吉《すみのえ》に斎《いつ》く祝《はふり》が神言《かんごと》と行くとも来《く》とも船は早けむ（『万葉集』四二四三）

むかし遣唐使が大陸に向け出立するにあたって、必ず海上の安全を祈ったのは住吉の神であった。本人みずからか、いとしい妻か、愛する乙女かは知らず、神は住吉神主の言葉として、往きも帰りも船は早く平安であろうとのお告げを伝えた。万里の波濤を乗り越えて大陸に押し渡るのは、まさに命がけであり、いつ難破して海底の藻屑《もくず》となるかもしれなかっただけに、切なる祈りを込めたのも当然であるが、神は祈りにこたえて、速やかな帰還を約束したのである。ここに住吉大社の神にたいする信仰の実態がある。

この歌に詠まれている遣唐使のさかんに押渡った天平の頃、すでに伝説の彼方に茫莫《ぼうばく》とする時代に鎮座し、疾風怒濤の上代も、雅びやかな平安王朝にも、吉野朝の悲歌に、近世文人の風雅にもたたえられて、住吉大社は常に時代々々の人びとの心の支えとなってきた。そこに揺ぎない伝統の重みがある。その伝統は太古以来の日本のこころの営みによって形成されてきたものである。

本書はかつて西本泰宮司（故人）が、当時、皇學館大學々長であった田中卓博士（第二章より第七章まで）、また当社の旧職員で同大學教授となった真弓常忠氏（現八坂神社宮司・第一章および第八章以下）の協力によって、昭和五十二年に刊行されたが、すでに四半世紀を経て改訂すべき個処も少なくなく、神社において稿を改めて重ねて世に問うものである。

初版出版時より、また改訂新版の刊行でお世話になった学生社鶴岡阷巳会長、鶴岡一郎社長、写真撮影の登野城弘氏、倉下生代氏には衷心より謝意を表するとともに、改訂稿の完成がいちじるしく遷延したことをお詫びする次第である。

平成十四年十一月

編　者

目次

住吉大社

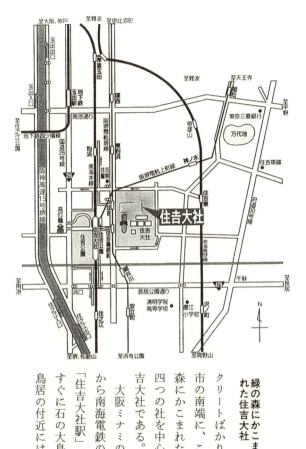

一 住吉さん

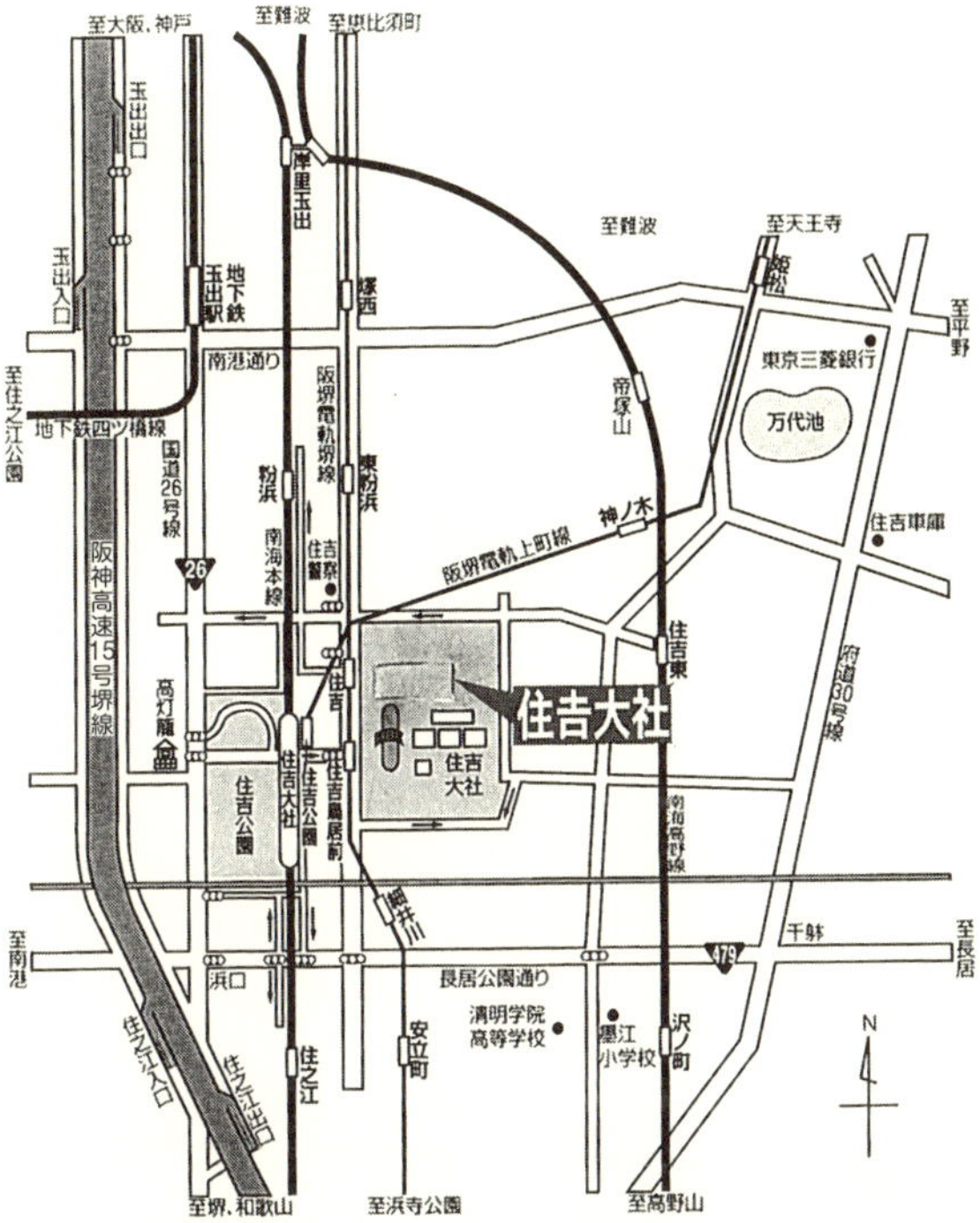

緑の森にかこまれた住吉大社

原子砂漠にも似たコンクリートばかりの都市、大阪市の南端に、ここだけは緑の森にかこまれた広大な敷地に、四つの社を中心に建つのが住吉大社である。

大阪ミナミの繁華街、難波から南海電鉄の本線で十数分、「住吉大社駅」で下車すれば、すぐに石の大鳥居が眼につく。鳥居の付近には年中露店が出ていて、参詣の人たちの親しみを増すが、参道の左右には丹塗《にぬり》の柱の絵馬殿があり、正面に架かるのが、一般に「太鼓橋」とよばれ、住吉大社の象徴ともされている「反橋《そりばし》」である。反橋を渡

一　の　鳥　居

反橋（太鼓橋）正面

るのは、むかしは神さまに限られていたが、いまは誰でも渡ることができる。これを渡ること自体が「おはらい」になるとの信仰もある。

角鳥居・幸寿門

南　高　倉

住吉大社境内略図

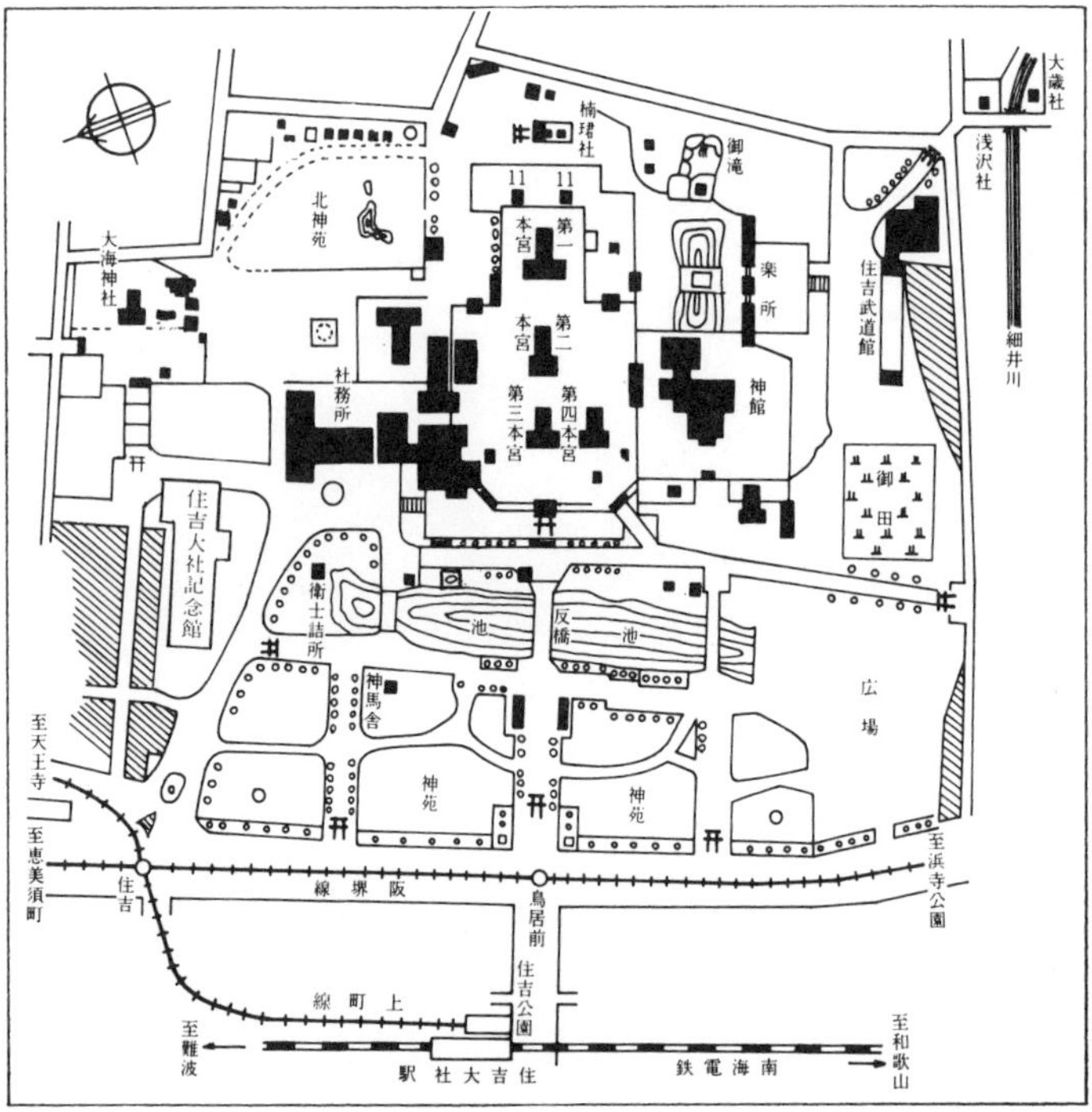

反橋を渡ったところは石畳となっていて、左側に手水舎《ちょうずしゃ》があり、清冽な水を湛《たた》えているから、ここで口を漱《すす》ぎ手を洗って、石段を上ると、丹塗《にぬり》の四足《しそく》門があり、門の前の角柱の石鳥居に掲げられた扁額に「住吉神社」とあるのは、有栖川宮幟仁《ありすがわのみやたかひと》親王の染筆である。角柱の鳥居は「住吉鳥居」といい、四角であるのは、俗に住吉が四社の本宮よりなるしるしともいう。

石段を昇って瑞垣の門をくぐると、急に開けた境内に、四社の本殿がそびえている。正面に第三本宮、その向って

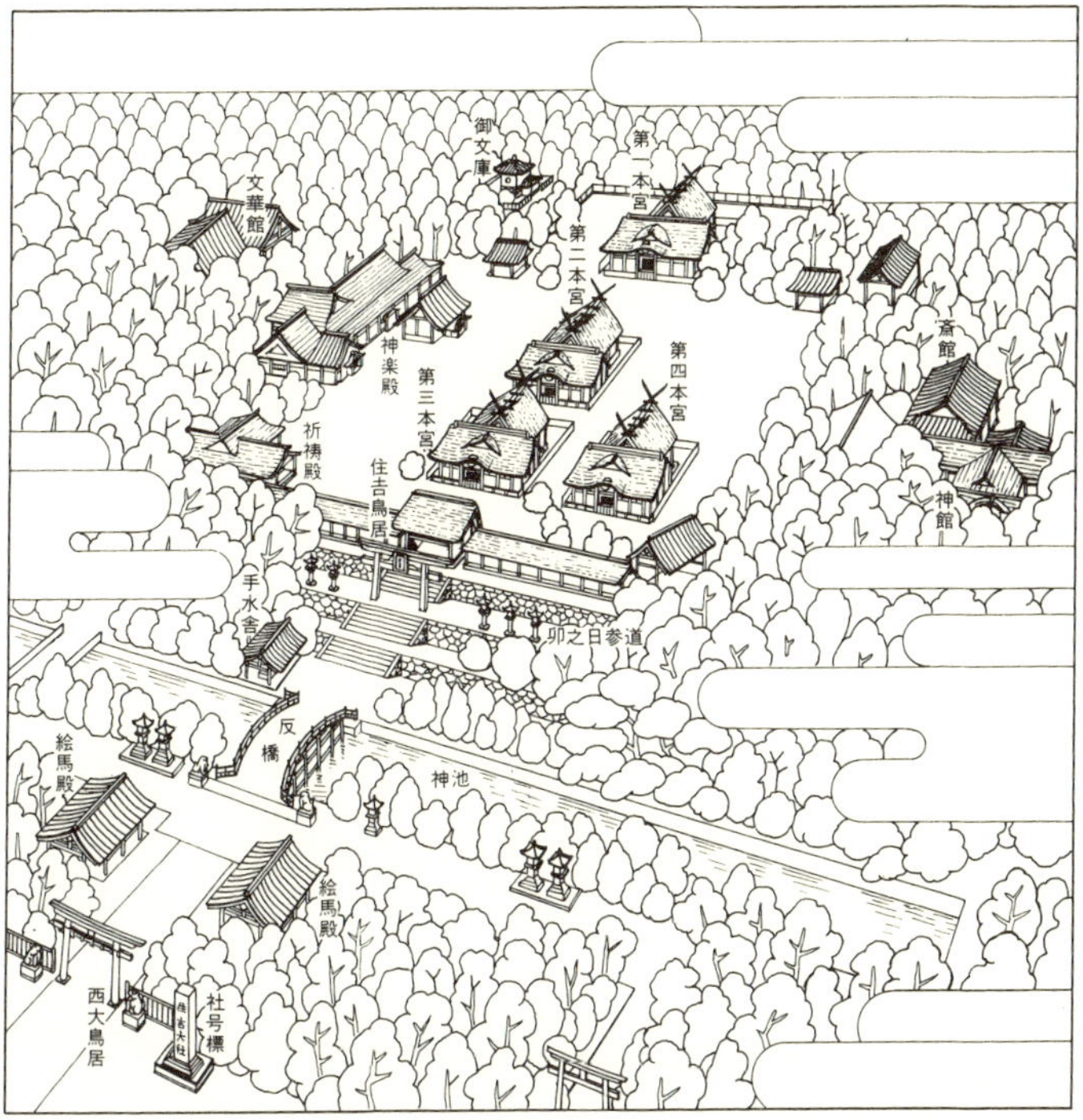

右に第四本宮、第三本宮の背後に第二本宮、さらにその後にあるのが第一本宮で、奥から順に第一、第二、第三と西面して縦に並んでいる。このように本殿が縦ならびであるのも、当社独特の社殿配置である。丹塗《にぬり》、檜皮葺《ひわだぶき》、直線型妻入《つまいり》式の本宮四殿は、「住吉造《づくり》」と称する神社建築史上、最古の特殊な様式であり、鋭く天に向ってそそり立つ千木の力強さに古代人の豪快な気迫がうかがわれる。

境内の諸施設

瑞垣《みずがき》内北側には、祓《はらい》殿、神楽《かぐら》殿、祈禱《きとう》殿があり、さら

最近十年間の初詣参拝数

年	元旦	2日	3日	合計
平成5年	173万	80万	41万	294万
6年	171万	78万	44万	293万
7年	173万	74万	41万	288万
8年	175万	73万	42万	290万
9年	139万	108万	42万	289万
10年	117万	45万	120万	282万
11年	131万	81万	59万	271万
12年	140万	75万	38万	253万
13年	146万	65万	32万	243万
14年	110万	56万	66万	232万

に重要文化財を含む宝物を展観している住吉文華館があり、南側には侍者《おもと》社を隔てて、斎館、神館が建つ。

住吉文華館はもと神宮寺のあったところで（大阪市指定史跡）、明治維新の神仏判然令で取払い、久しく桜畠と称する広場となっていたが、昭和五十年にその南半分の地に鉄筋コンクリート造で建設した。

第一本宮の北側瑞垣を隔てた外にたつ白壁の土蔵造の建物は「住吉御文庫《すみよしおぶんこ》」である。享保八年（一七二三）にできた大阪における図書館のはじめという。

第一本宮の背後、南北に板校倉《いたあぜくら》造の古い建物がある。「高倉《たかくら》」といい神宝を納めている。（平成十一年二月五日、大阪府指定文化財）

さらに東に進むと、第一本宮の裏にあたり楠の大樹がある。その根元に祠を設け、前に宏荘な拝殿があるのは「楠珺社《なんくんしゃ》」である。俗に「初辰《はったつ》さん」とよび、毎月初の辰の日には参詣で賑わう。商売繁盛の神徳をもって、大阪の商工業者の信仰が厚く、参拝のしるしに招き猫を受けて帰り、これを四十八個揃えて「四十八辰《しじゅうはったつ》」といい、「始終発達」とかけて縁起を祝う。四十八回の月詣りが成就したわけである。

楠珺社《なんくんしゃ》より、第一本宮の南側に廻ると、石の玉垣をめぐらした中に杉の樹が立っている。「五所御前《ごしょごぜん》」といい、神功皇后が住吉大神を斎《いつ》きまつろうと、このあたりを見廻していたところ、鷺が三羽来てこの杉の樹にとまったので、ここが大神の思召しにかなうものとして、ここに初めて奉祭したと伝え、「高天原《たかまがはら》」とも称する。（その意については第十一章・第十四章に詳述する）

「五所御前」の南の門を出ると神池にかかった橋は舞台となっていて、その向うの大門は「南門」、両側の細長い建物は「楽所」、石の舞台は「石舞台」とよび、ともに豊臣秀頼が片桐且元《かつもと》を奉行として奉納した桃山時代の建造物で、重要文化財となっている。南門を出て広場を右（西）に行くと、約二十アール（二段歩）の田圃がある。これが毎年六月十四日に、御田植神事を行なう「御田《おんだ》」である。

また、神宮寺跡の北側に、本宮と全く同じ様式の本殿があるのは摂社大海《だいかい》神社である。本社とどんな関係にあるかは後述する。そのほか境内にはいくつもの摂社、あるいは末社があり、その数の多いことは古社である所以《ゆえん》を物語るが、その一々についても後に触れよう。

境内は約十万平方ﾒｰﾄﾙ（三万坪）。大阪市内とは思えないほど鬱蒼《うっそう》とした森にかこまれ、ここだけは大都会の騒音から隔絶されて、こよない憩いの場である。

新春は住吉さんから

大阪の府市民は、初詣といえば「すみよっさん」を想う。住吉大社のことを、大阪人は親しみをこめて「すみよっさん」と呼びならわしてきた。大晦日《みそか》の夜も押しつまると、どこからこれだけの人が集まるのかと思うほど、門前は立錐の余地もなく、やがて鳴り始める除夜の鐘を待つ人びとで埋め尽くす。十二時ちょうど、大社では除夜の鐘ならぬ太鼓を打ち鳴らすと、待ち構えた人びとは、いっせいに瑞籬《みずがき》内に参入し、各本宮に額《ぬか》ずいて、来る年の幸を祈るのである。

初詣の人波みは夜っぴいてつづき、やがて東の空より初日のさし昇るころ、元旦祭を執り行うが、潮騒《しおざい》のように次から次へと押寄せる人波は三か日間つづいて、第一本宮に昇殿して厄除け家内安全を祈る人、神楽殿・祈禱殿にて、企業の繁栄を願う団体、あるいはおみくじを受けて一年の吉凶を占う男女、お札・お守・住吉踊人形を受けて帰る人など、それぞれに何らかを心に期して社頭に額《ぬか》ずくのである。過去十数年間の三か日の参拝者数を集計すると、前頁の表の通りで、天候によって多少の増減はあるが三日間で二百万人を下らない。

「新春は住吉さんから」、それが大阪府市民の永い慣例であったし、そこにまたどのような時代、どのような人びとにも通じる「日本の心」がひそんでいる。

住吉さんは、海の神であると同時に「おはらい」の神である。知って犯したツミはなくとも、知らずしらずのうちにおかした過ちや身にうけた穢《けが》れを祓《はら》い清め、心の垢《あか》を洗い落して、身も心もすがすがしく、今年こそはとの誓いと決意を新たに、清く明るい人生を目指して年ごとの初めにお詣りをすますのである。

住吉大社の一年はこうして初詣から始まる。大晦日から一夜あけて元旦となり、心も形も改めて、神さまを敬祭し、家々では祝《ほ》ぎ言を述べあい、祝いの膳に向う。やがて家族うち揃って、神詣でに初春の誓いを新たにする。それが日本の風習であった。

初詣をはじめとして、日本人にとっては深い信仰から発した年中行事がしきたりとなって、このしきたりを繰返すところに伝統が形成されてきた。日本人の生活が一ように神の祭りを中心にいとなまれ、それが日常のなんでもない普通のこととして幾百年をくり返し、年のはじめや四季の折り目切り目に祭りを行ない、生産と生計の意識を確かめあったのであり、また神詣りにおもむいて、誓いを新たにし、決意を固めたのである。

屈指の大社

住吉大社は大阪の総鎮守であり、総氏神である。古くは摂津国の一の宮とされた。

一の宮とは平安時代に国々の国司が巡拝するさい、第一に参拝した神社である。また二十二社といって平安時代の中期より室町時代の中期まで行なわれた、朝廷より事あるごとに奉幣《ほうべい》にあずかった神社があり、住吉大社はその中でも上位十五社に入っていた。

さらに明治維新にさいし、官社の制度がしかれたときは官幣大社に列せられた。また奈良時代以来、神社にも位階を奉ることが行なわれたが、住吉大社は天平年間にすでに従三位が授けられ、次いで正三位、やがて延暦三年（七八四）六月には勲三等に叙せられ（『続日本紀』）、同年十二月従二位（『続日本紀』）、大同元年（八〇六）四月には従一位（『日本後紀』）、その後、間もなく、正一位を賜り極位に列せられた。正一位を賜った時期は「津守氏古系図」によって、天暦六年（九五二）以前であることが察せられ、また嘉祥四年（八五一）正月二十七日の官符によって、この時か、もしくはそれ以前であったと思われる。これは他社とくらべてきわめて早い時期に神社としては最高の扱いをうけていたことを示すものである。

そのほか、伊勢の神宮と同じように、香取・鹿島両神宮とともに、二十年に一度の遷宮の制が実施せられていた。遷宮については後に詳述するが、非常な殊遇をうけていたわけであり、奈良時代より全国的にも屈指の大社であったことが知られる。

はたして、『万葉集』には、住吉の神または住吉の地を詠んだ数々の歌があり、また「あら人神」の信仰や、歌の神としての信仰を展開している。『源氏物語』には、光源氏の「住吉詣」が描かれているが、これは平安時代の住吉大社への崇敬を物語るものであり、近世では、芭蕉や西鶴もお詣りしている。「住吉詣」といえば、「伊勢詣」とならんでさかんに行なわれたものであった。

住吉の地

さて住吉の地は、むかしはどんなところだったのか。

「住吉」は、いまは「スミヨシ」と訓むが『万葉集』には「住江」「墨江」「清江」「須美之江」とも書いているから、奈良時代には「スミノエ」とよんだことが知られる。上方の方言では、「ヨイ」（吉・良・善）という語を「エエ」という。「吉」は「エ」と訓んだもので、比叡山の麓の日吉神社の「日吉」も「ヒエ」であった。ところが、平安時代の承平年間（九三一～九三七）に源順が著した『和名類聚抄（和名抄）』には「須三与之」とあり、平安時代に入って間もなく「スミヨシ」と訓だことが知られる。『古今集』巻十七の壬生忠岑の歌に

相知りける人の、住吉に詣でけるに詠みて遣はしける

住み好しと漁人は告ぐとも長居すな人忘れ草生ふといふなり

とあって、これが「スミヨシ」と訓む初見とされている。しかし、『源氏物語』の「若菜」や、『栄華物語』の「松のしづゑ」にも「スミノエ」とあるのが見えるから、平安時代には両方の訓が行なわれたのであろう。

住吉が、もと「スミノエ」と訓み「清江」とも書いたほどであるから、文字通り、清く澄んだ入江であったろう。「隅の江」とする説もあるが、これは当たるまい。いまでは海岸線は七キロも西に遠ざかって、往年の景観は失なわれたが、むかしは反橋のすぐ近くまで波が打ち寄せていた白砂青松の海岸であった。『万葉集』に

住吉の沖つ白波風ふけば来寄《きよ》する浜を見れば清しも（一一五八）

住吉の岸の松が根うちさらし寄せ来る波の音の清《さや》けさ（一一五九）

等の歌によってもそのことが知られる。

『釈日本紀』所引「摂津国風土記」逸文には、

住吉と称ふ所以《ゆえ》は、昔、息長足比売の天皇のみ世、住吉の大神現れ出まして、天の下を巡り行でまして、住むべき国を覓《ま》ぎたまひき。時に、沼名椋《ぬなくら》の長岡の前《さき》 前は、いまの神の宮の南の辺、其れ其の地なり に到りまして、仍ち謂りたまひしく、「斯は実《まこと》に住むべき国なり」とのりたまひて、遂に讃め称へて、「真《ま》住《す》み吉《え》し、住吉《すみのえ》の国」と云《の》りたまひて、仍ち神の社を定めたまひき。いまの俗《よ》、略きて、直に須美之《すみの》

叡《え》と称ふ。

とあり、住むによき所であったことを物語っている。前述の『古今集』の歌も「住み好し」と同じ意を詠んだものであった。

外交の門戸　この住吉の地は大阪湾に突出していた台地の基部にあたる。岬は「大津の沼名椋の長峡」（『日本書紀』）といった。いま一般に上町台地という。太古は、大阪湾は上町台地の東側に大きく湾入していて、生駒山の西山麓も波に洗われていたのである。大和川を現在のように大阪と堺の間を流すようになったのは江戸時代のことで、むかしは河内柏原より北に向って流れ、大阪湾の内海に注いでいた。上町台地は大和川の運ぶ土砂を堆積するには都合のよい役割を果したが、古墳時代はまだ台地の東側も舟行が可能であった。上町台地の北部には、七世紀には「難波の宮」が造営されたが、大和から難波に出るには、二上山の北側の穴虫峠を越えるか、南側の竹内峠を越えるしかなかったから、住吉の地はちょうど海陸の交通の要衝に当り、大和朝廷にとっては外交の門戸であり、玄関口であった。

それでは住吉大社がここに祀られたのは何時頃のことで、どんな経緯《いきさつ》によるのだろうか。もとより悠遠の太古にわたるご鎮座の次第を明らかにすることは容易でない。しかし、住吉大社のご鎮座は、じつは日本国家の成立と深く関わっていたのである。住吉大社の御鎮座の経緯なり、住吉の神についての謎を解き明かすことは、日本国家成立の謎を解き明かすことにもなる。しかも、その後の日本の歴史においても、ことあるごとに住吉大社は常に歴史の命脈と密接に関わってきた。

われわれは、住吉大神に日々奉仕する身の光栄と責任を思いつつ、住吉大社が現代の人々にも如何に関わっているかを念頭において、深くヴェールに閉ざされて、茫漠とした伝説の彼方に属する太古より、まずうかがってみることにしよう。

二　住吉大神の顕現

海原と海神

住吉大神は、むかしから海の神様として有名である。しかし古い時代には、後に『住吉大社神代記』の内容として紹介するように、農耕の神様としても、ひとびとの深い尊崇をうけていた。もっとも、『日本書紀』や『古事記』の神代の巻――これを仮りに神代史ということにしよう――においては、住吉大神はもっぱら海の神として特筆されている。そこでまず神代史に見える海原と海神について考えることから始めよう。

国生みの神話において、古代人が、まず最初に、この国の周辺にとうぜん海を予想していたことはいうまでもない。最初の島、すなわちオノコロ島の生誕についても、イザナギノ尊、イザナミノ尊が天の浮橋の上に立って、天のヌボコをさし下し、アオウナバラ（青海原）に達したので、それをホコでかきまぜて引き上げた時、ホコの先からしたたり落ちた塩がこり固まって、オノコロ島になった、と伝えられている。その後のいわゆる大八洲の国生みにしても、いずれも〝洲〟（シマ）という以上、海を前提として物語られていることは明らかである。そしてこの海をしろしめす神の物語として、とくに重要な意味をもって説かれているのは、次の場合であろう。

第一に、いわゆる海原をしろしめす神の生誕についてである。イザナギノ尊が天照大神にたいし、高天原をしろしめすように命じた時、海原の統治者として、ツキヨミノ尊またはスサノオノ尊にたいして、事依《ことよ》さしの命が下されている。

第二に、有名な海神の宮の物語りである。ヒコホホデミノ尊がシオヅツノ老翁の援助と工夫によって海神の宮にゆき、海神のむすめトヨタマ姫と結婚して、先に失ったつり針と糸、さらに潮《しお》満瓊《みつるたま》と潮涸瓊《しおひるたま》の二つを手に入れて、兄のホスソリノ命を降伏させたこと、およびトヨタマ姫が海の宮から海浜にやってきて、ヒコナギサタケウガヤフキアエズノ尊を生んだということが説かれている。

第三に、海神としてのいわゆるムナカタノ三女神の物語りである。イチキシマ姫をはじめとしてタギリ姫、タギツ姫の三女神が海北道中にあって、天孫を助ける海神であり、それを奉斎するものは、胸肩《むなかたのきみ》君または水沼《みぬまのきみ》君であるという伝えである。

そして第四にあらわれるのが、文字通り海神としてのワタツミノ神であり、第五にあらわれるのが、ツツノヲノ命である。（以下、神と命の用字が混りあうが、これは『日本書紀』『古事記』において統一を欠いているためである。元来は、奉斎の対象としてのカミは神、伝承のなかで行動されるカミは命として表記されていたように思われる。）

ワタツミノ神とツツノヲノ命

そしてこのツツノヲノ命が住吉大神に他ならないのであるが、このワタツミノ神とツツノヲノ命の両神は、神代史上の同じ箇所に重りあってあらわれるので、一緒にして考える必要がある。そしてこの部分は、住吉大神の出現を説く重要な記事であるから、『日本書紀』・『古事記』の内容をそれぞれ書き下しにして、まず次に掲げることにしよう。

〔甲〕伊弉諾尊《いざなぎのみこと》……又、生めりし海神等を、少童命《わたつみのみこと》と号す。……伊弉諾尊……則ち往きて筑紫の日向の小戸の橘の檍原《あはきはら》に至りまして、祓《みそ》ぎ除《はら》へたまう。遂に身の所汚を盪滌《すす》ぎたまわむとして、乃ち興言《ことあげ》して曰わく、「上瀬は是太《はなは》だ疾し。下瀬は是太だ弱し」とのたまいて、便《すなわ》ち中瀬に濯ぎたまう。因りて生める神を、号《なず》けて八十枉津日神と曰す。次に其の枉れるを矯さむとして生める神を、号けて神直日神と曰す。次に大直日神。又海の底に沈み濯ぐ。因りて生める神を、号けて底津少童命と曰す。次に底筒男命。又潮の中に潜き濯ぐ。因りて生める神を、号けて中津少童命と曰す。次に中筒男命。又潮の上に浮き濯ぐ。因りて生める神を、号けて表津少童命と曰す。次に表筒男命。凡て九の神有す。其の底筒男命・中筒男命・表筒男命は、是即ち住吉大神なり。底津少童命・中津少童命・表津少童命は、是阿曇連等が所祭る神なり。（紀・四神出第六の一書）

〔乙〕伊弉諾尊……但し親ら泉国を見たり。此既に不祥《さがな》し。故、其の穢悪を濯ぎ除わむと欲して、乃ち往きて粟門及び速吸名門を見《みそなわ》す。然るに、此の二の門、潮既に太だ急し。故、橘小門に還向《かへ》りたまいて、払い濯ぎたまう。時に、水に入りて、磐土命を吹き生《な》す。水を出でて、大直日神を吹き生す。又入りて、底土命を吹き生す。出でて、大綾津日神を吹き生す。又入りて、赤土命を吹き生す。出でて、大地海原の諸の神を吹き生す。（紀・四神出生第十の一書）

〔丙〕是を以ちて伊邪那伎大神詔《の》りたまいしく、「吾は伊那志許米志許米岐《いなしこめこめき》穢き国に到りて在り祁理《けり》。故、吾は御身の禊為む」とのりたまいて、竺紫の日向の橘の小門の阿波岐《あはき》原に到り坐して、禊ぎ祓ひたまいき。……是に詔りたまいしく、「上つ瀬は瀬速し。下つ瀬は瀬弱し」とのりたまいて、初めて中つ瀬に堕《お》り迦豆伎《かづき》て滌ぎたまう時、成り坐せる神の名は、八十禍津日神。次に大禍津日神。此の二神は、其の穢繁国《けがらわしきくに》に到りし時の汚垢に因りて成れる神なり。次に其の禍を直さむと為て、成れる神の名は、神直毘神。次に大直毘神。次に伊豆能売神。次に水の底に滌ぐ時に、成れる神の名は、底津綿津見神。次に底筒之男命。中に滌ぐ時に、成れる神の名は、中津綿津見神。次に中筒之男命、水の上に滌ぐ時に、成れる神の名は、上津綿津見神。次に上筒之男命。此の三柱の綿津見神は、阿曇連等の祖神と以《も》ち伊《い》都久《つく》神なり。故、阿曇連等は、其の綿津見神の子、宇都志日金拆命の子孫なり。其の底筒之男命、中筒之男命、上筒之男命の三柱の神は、墨江の三前の大神なり。（記・禊祓の段）

ここに書かれていることは、イザナギノ尊が愛妻イザナミノ尊のなくなった後を追って黄泉《よみ》の国に行き、その結果、黄泉の国の〝けがれ〟を受けたので、洗い清めるために、筑紫の日向の小戸《おど》の橘《たちばな》の檍原《あはきはら》で禊祓《みそぎはらい》された時、ワタツミノ三神とツツノヲノ三神が出現したという所伝であって、前者は阿曇連《あずみのむらじ》らのいつきまつるところの神、後者がすなわち住吉大神であるとされているのである。

重なり合った両神の出現　ここで特に注意すべきことは、ワタツミノ神とツツノヲノ命が神代史において、きわめて密接な関係にあり、ほとんど重なり合って出現していることである。

例えば、右の資料〔甲〕によれば次のようになる。

海の底に沈み濯ぐ。因りて生める神を、号けて

底津少童命㈠と曰す。

次に　底　筒　男　命㈠

又、潮の中に潜き濯ぐ。因りて生める神を、号けて

中津少童命㈢と曰す。

次に　中　筒　男　命㈡

又、潮の上に浮き濯ぐ。因りて生める神を、号けて

表津少童命㈣と曰す。

次に　表　筒　男　命㈥

（中略）其の

底筒男命・中筒男命・表筒男命は、是即ち住吉大神なり。（イ・ロ・ハ）

底津少童命・中津少童命・表津少童命は、是阿曇連等が所祭る神なり。（い・ろ・は）

と記され、この内容は資料〔丙〕においてもまったく同様である。

いま、理解に便利なように、イザナギノ尊が、中つ瀬に濯いで生れられた神々をも含めて一覧表に示すと、つぎの通りである。

	日本書紀第六の一書		古事記	
中瀬（紀）（記）	八十枉津日神		八十禍津日神 大禍津日神	
	神直日神		神直毗神	
	大直日神		大直毗神 伊豆能売神	
海底（紀） 水底（記）	底津少童命	底筒男命	底津綿津見神。	底筒之男命。
潮中（紀） 水中（記）	中津少童命	中筒男命	中津綿津見神。	中筒之男命。
潮上（紀） 水上（記）	表津少童命	表筒男命	上津綿津見神。	上筒之男命。
	阿曇連等が祭る所の神なり	住吉の大神なり	阿曇連等が祖神と斎く神なり	墨江の三前の大神なり

すなわち、ここに注意させられることは、イザナギノ尊の禊祓において、ワタツミノ神とツツノヲノ命が、「次」という字で結ばれながら、重なり合って、出現しているという事実である。このことは、説話の内容や用字を一見しても明らかなように、最初からこのような形のものであったとは考えられない。おそらく、〃阿曇連〃側の伝承（ワタツミノ神系）と、〃住吉の大神を奉ずる氏族〃側の所伝（ツツノヲノ命系）とが、同様な内容をもって併存し、たがいに自己を主張するところがあるために、『日本書紀』・『古事記』の撰者の立場で、あるいはその原資料の編纂時において、両者

を重ね合わして一つの所伝にまとめ上げるという工夫が試みられたものであろう。

このようにして、神代史上のワタツミノ神とツツノヲノ命が、その出現の伝承において、きわめて密接不離な関係にあることが知られたが、この関係をさらに詳しく考えるため、つぎに明らかにしなければならないことは、ワタツミノ神・ツツノヲノ命の出現したというその筑紫の日向の小戸の橘の檍原の所在地についてである。

橘の小門の所在

そこで、この地名を記す箇所を、『日本書紀』・『古事記』の中から求めると、つぎのとおりである。

(1) 筑紫日向小戸橘之檍原（紀・四神出生第六の一書）
(2) 橘之小門（紀・四神出生第十の一書）
(3) 橘之小戸（紀・海宮遊幸第四の一書）
(4) 日向国橘小門（紀・神功皇后摂政前紀）
(5) 筑紫日向之橘小門之阿波岐原（記・禊の段）

さて、これらを一見すると、(4)によって、橘小門は〝日向国〟にある、と考えるのが当然であろう。しかし、また注意されることは、『日本書紀』・『古事記』を通じて、神代史においては、すべて〝国〟名がついていない（1・2・3・5）のにたいして、神功皇后紀にのみ〝日向国〟とみえることである。そこで、前者と後者とを分けて考え、少くとも神代史の場合は、〝日向〟を〝日に向う〟という修飾詞のように理解して、これを筑前国那珂郡（今の福岡市住吉町）の住吉神社附近（一説に筑紫郡安徳村、今の那珂川町安徳の現人神社附近）に求める説も有力である。

そしてこの日向国と筑前国の両説は、たがいに対立し、いまだに決するところがない。福岡の住吉神社においても、古伝や古記録によって、この地を檍ヶ原と推測することもできるし、また日向の国にも、いわゆる檍ヶ原（今の宮崎市の阿波岐ヶ原町）には式内の江田神社が鎮座しており、その北方、住吉村大字塩路（今の宮崎市住吉町）には住吉神社が祭られていて、それぞれにもっともな由緒が伝えられている。

このように見てくると、住吉大神の出現した場所について、これを決定することは容易でないが、しかし、これを、古代史の大局から考えると、事情はかなり明るくなる。第一に注意すべきことは、橘小門に関して、従来ややもすると、住吉大神、すなわちツツノヲノ命の出現ということだけに気を取られて、筑前にせよ、日向にせよ、住吉神社の所在地を以て当てはめようとする見方が一般であった。もちろん、それは重要な着眼点であり、正しい見方と考えられるが、しかし、それだけでは不充分と思われる。なぜならば、橘小門において生まれた神は、ひとりツツノヲノ命だけではなく、ワタツミノ神が並んで出現されており、さらに詳しく言えば、この時、マガツヒノ神やナホヒノ神なども出現しているのである。したがって橘小門は、それらの神々の出現をすべて含む地域に求めるのが穏当であろう。

有力な筑前説

とすれば、まず、ワタツミノ神について、これを祭る式内社は、筑前国（今の福岡県粕屋郡志賀町）に志賀海神社があって、歴史の上でも有名であるが、日向国にこれに相当する有力な神社を求めることは出来ない。ことに志賀海神社は、その社家が昔から今にいたるまで阿曇氏であって、この点は『日本書紀』・『古事記』の所伝に一致する。また『旧事本紀』では、少童《わたつみ》の三神を掲げて、〃此三神は、阿曇連等が斎祠る筑紫の斯香の神〃と説いている。この点も重要な参考とされるであろう。また筑前国には、いま福岡市警固町に警固神社があり、その祭神は神直日神・大直日神・八十枉日神・建角身神・神功皇后・応神天皇であって、ここにナホヒノ神やマガツヒノ神が祭られていることは、橘小門を考える上で有力な一つの参考となるであろう。一方、日向には確かに住吉神社はあるが、その名は一般の古典にも、また住吉大社の重大な資料である『住吉大社神代記』の中にさえも見えておらず、住吉関係の伝承としてははなはだ影が薄いと言わなければならない。

第二に考えるべきことは、『日本書紀』の海宮遊幸第四の一書にみえる〃橘の小戸〃(③前掲)である。これは、シオヅツノ老翁が〃海神〃の乗る八尋《ひろ》の鰐のいる場所をヒコホホデミノ尊に教えられるところに、「橘の小戸に在り」としてみえるのだが、この〃海神〃の宮のある場所を考えれば、出発点である橘の小戸の所在もほぼ見当がつくであろう。もちろん、この海神の宮の場所についても古来明確ではないが、もっとも有力なのは、対馬の仁位《にい》に和多都美《わたつみ》神社があり、ここには、ヒコホホデミノ尊とトヨタマ姫ノ命が祭られている。仁位は古く瓊《に》の一字であったというが、この神社の境内には玉の井もあれば、湯津杜《ゆつかつら》の樹もあって、土地では古くから、ここを神代史にみえる海神の宮と伝えている。そしてこの和多都美神社は、阿曇氏の有力な本拠であったと考えてよい。それらを総合すると、〃海神〃の乗る鰐の所在地、すなわち〃橘の小戸〃も、日向の国よりは、むしろ北九州の筑前の国に求めるのを妥当とするであろう。

第三に、『釈日本紀』が引くところの私記に、筑紫橘之小戸と摂津国の墨江の異同を論じて、「然れば則ち此神（ツツノヲノ命）本《もと》筑前の小戸にあり。即ち神功皇后初めて、摂津の墨江に遷したまう」と記しているが、ここに〃筑前の小戸〃とあることは、注意すべきであって、筑前説に有利な一証となるであろう。

このように考えてくると、神代史に見えるかぎりでの、いわゆる〃橘小門〃は、日向よりも筑前に求めるのが適当であろうと思われる。そして筑前の国内に求めるとすれば、やはり通説のように、住吉神社や警固神社の所在によって、博多湾にそそぐ那珂川の下流附近がもっとも有力な候補地となるであろう。ただし前掲（4）すなわち神功皇后紀によれば、日向の国にも橘小門があったことは、少なくとも一説として認めなければならない。すなわち、すでに奈良時代初期において、橘小門の確定地は見失われ、早くから筑前と日向の二説が並び存したのであろう。そして〃ワタツミノ神・ツツノヲノ命〃の顕現に深く結びつくところの〃橘小門〃の方は紀・記の神代の巻（筑前説）に示され、〃イザナギ・イザナミノ尊〃の禊祓に密接な関係をもつところの〃橘小門〃は、神功皇后紀（日向説）に示される結果となったものであろう。

阿曇氏の登場

そこで次の問題は〃イザナギ・イザナミノ尊〃の場合は、しばらく置き、ワタツミノ神、ツツノヲノ命の出現という説話が、伝承としてどのような意味をもつのであるか、すなわち、この伝承がまったく仮空の造作にすぎないものか、それとも何らかの歴史的事実をふまえた投影であるのか、またいずれにしても、ともかく現実の阿曇氏や住吉大神に関連するというのはどんな意味においてであるか、などの点を吟味しなければならない。

『日本書紀』・『古事記』の神代巻によれば、ワタツミノ神の子孫が阿曇連であり、阿曇連がワタツミノ神を祭っているという。もともと、阿曇（あづみ）はアマツミで、ツミは山神（やまつみ）のツミと同じく、ツは連体格の助詞、ミは神霊の意味であるから、アマ（海人）の神、ということであろう。そして、その後、阿曇氏については、『古事記』には少しもみえないが、『日本書紀』応神天皇三年十一月の条に、処々の海人が、騒いで朝廷の命に従わなかったので、阿曇連の祖先の大浜宿禰をつかわして、これを平らげ、海人の宰となす、という記事がみえる。この大浜宿禰はどこの地の出身であるかは詳かでない。しかし後に、履中天皇即位前紀に阿曇連浜子の名前がみえ、この浜子は住吉仲皇子の謀反に加担して捕えられるが、その配下が淡路野島の海人であったというから、浜子も淡路島附近に根拠をもつ海族であったのであろう。浜子と大浜と、浜の字を共通にする点から考えれば、大浜は浜子の父か、もしくは縁者に当るかもしれない。もしそうとすれば、応神天皇の御代に、阿曇氏の有力な拠点がすでに大阪湾にあったことが、考えられる。難波の地に阿曇寺や安曇江が存在することも注意されてよいであろう。

阿曇氏の本拠

しかし、ふつう、阿曇氏の発祥地として考えられているのは、筑前国粕屋郡阿曇郷である。また同じ粕屋郡の志珂郷にワタツミノ神を祭る志賀海神社があり、その社家が阿曇氏である。それ故、おそらく阿曇氏は、もともとこの北九州の地に関係が深く、応神天皇の御代ころには、一族の中に、畿内にも進出していたものがあった、と考えるべきであろう。

阿曇氏の本拠が北九州にあることは、ほぼ間違いないとして、中でも注意せられるのは対馬である。前述のように、海神の宮が対馬の島内に推定せられるだけではなく、この島には、式内社が二十九座も数えられ、その中でも、ワタツミノ神を社名とする神社が四座（上県郡に二座、下県郡に二座）あり、その内三座までが名神大社である。いかにこの島が、ワタツミノ神と深く結びついているかは、これによっても明らかであろう。ことに仁位の和多都美神社の旧社家長岡氏は、もと阿曇氏を称しており、この地が阿曇氏の有力な根拠地であったことは疑いないであろう。

朝鮮出兵と阿曇氏

そして、この阿曇氏が神功皇后の朝鮮出兵と深く結びついている点に、注意しなければならない。まず『日本書紀』をみると、

> 又磯鹿の海人名草を遣して視しむ。日を数て還りて曰さく、「西北に山有り。帯雲にして、横に絚れり。蓋し国有らむか」とまうす。爰に吉日を卜へて、臨発むとすること日有り。

と記されている。ここにみえる〝磯鹿の海人名草〟というのは、志賀海神社の阿曇氏に関係しており、名草は阿曇海族の一人であろう。（この人名を、「磯鹿の海人、名は草」と訓むのはまちがいである。）その名前は、『住吉大社神代記』に、「然して、新羅国を服え給い、三宅を定め、亦、大神の社を定め奉る。而して祝《はふり》は志加乃奈具佐《しかのなぐさ》なり」とみえている。これによると、神功皇后は新羅

に大神の社を祭り、その祝として「志加乃奈具佐」、すなわち『日本書紀』にいわゆる「磯鹿海人名草」を任命せられたというのである。また同じ『住吉大社神代記』に、「志賀社、新羅を撃ちたまう時、御船の挟抄《かじとり》なり」ともみえている。これらによれば、朝鮮出兵に阿曇氏が従軍していたことは疑いないと思われるが、その他にも北九州地方の古伝承として、例えば、『宗像大菩薩御縁起』などに、新羅出兵に活躍した人物として、阿曇磯良《いそら》の名前がしばしば現われる。この磯良が果して実在の個人名であるかどうかは明らかではないが、それに代表される阿曇氏一族の活躍は、まず認めてよいであろう。

ツツノヲノ神と朝鮮出兵

このようにして、阿曇氏がわが古典の上にはじめて姿を現わすのは、神功皇后の朝鮮出兵の際であるが、この阿曇氏の登場は、すなわち阿曇氏の祖神であり奉斎神である〝ワタツミノ神〟の出現と、相応ずるものと考えてよいであろう。とすると神代史において、ワタツミノ神と同時に現われた、ツツノヲノ命についても、おそらく神功皇后の朝鮮出兵の際に出現せられたのではないか、という推測が成り立つであろう。果せるかな、この朝鮮出兵の際に、底・中・表のツツノヲノ三神が現われ、すこぶる顕著な御神威を示されたことは、『日本書紀』・『古事記』の特筆大書するところである。すなわち、日本書紀には、つぎのように説かれている。

〔神功皇后摂政前紀三月〕　皇后、吉日を選びて、斎宮に入りて、親《みずか》ら神主と為りたまふ。則ち武内宿禰に命して琴を撫かしむ。中臣烏賊津使主を喚《め》して、審神者《さにわ》にす。因りて千繒高緍を以て、琴の頭尾に置きて、請して曰さく、「先の日に天皇に教えたまいしは誰の神ぞ。願わくは其の名をば知らむ」とまおす。七日七夜に逮《いた》りて、乃ち答えて曰わく、（中略）是に、審神者の曰さく、「今答えたまわずして更後《また》に言うこと有《ま》しますや」と。則ち対えて曰わく、「日向国の橘小門の水底に所居て、水葉も稚《わかやか》に出で居る神、名は表筒男・中筒男・底筒男の神有《ま》す」と。問いまうさく、「亦有すや」と。答えて曰わく、「有ることとも無きこととも知らず」と。遂に且神有すとも言わず。時に神の語を得て、教の随に祭る。

〔同年九月〕　既にして神の誨うること有りて曰わく、「和魂は王身に服《したが》いて寿命を守らむ。荒魂は先鋒として師船を導かむ」とのたまう。即ち神の教を得て、拝礼《いやま》いたまう。因りて依網吾彦男垂見を以て祭の神主とす。

〔同年十二月〕　是に、軍に従いし神表筒男・中筒男・底筒男、三の神、皇后に誨えて曰わく、「我が荒魂をば、穴門の山田邑に祭らしめよ」とのたまう。時に穴門直の祖践立・津守連の祖田裳見宿禰、皇后に啓して曰さく、「神の居《ま》しまさ欲《まお》しくしたまう地をば、必ず定め奉るべし」とまおす。則ち践立を以て、荒魂を祭《いわ》いたてまつる神主とす。仍りて祠を穴門の山田邑に立つ。

〔同年一云〕　時に天皇、神に対えて曰わく、「其れ神と雖も何ぞ謾語《あざむ》きたまわむ。何処にか将《まさ》に国有らむ。且朕が乗る船を、既に神に奉りて、朕曷《いずれ》の船にか乗らむ。然るを未だ誰の神ということを知らず。願わくは其の名知らむ」とのたまう。

時に神、其の名を称《なの》りて曰わく、「表筒男・中筒男・底筒男」と、如是三の神の名を称りて、且重ねて曰わく、「吾が名は、向匱男聞襲大歴五御魂速狭騰尊なり」とのたまう。時に天皇、皇后に謂りて曰わく、「聞き悪《にく》き事言い坐す婦人か。何ぞ速狭騰と言う」とのたまう。是に、神、天皇に謂りて曰わく、「汝王、如是信けたまわずは、必ず其の国を得じ。唯し今皇后の懐妊《はら》みませる子、蓋し獲たまうこと有らむ」とのたまう。是の夜に、天皇、忽に病発りて崩りましぬ。然して後に、皇后、神の教の随に祭いたてまつる。則ち皇后、男の束装して新羅を征ちたまう。時に神留り導きたまう。

〔摂政元年二月〕　亦表筒男・中筒男・底筒男、三の神、誨えまつりて曰わく、「吾が和魂をば、大津の渟中倉《ぬなくら》の長峡《ながお》に居《ま》さしむべし。便ち因りて往来《ゆきかよ》う船を看《みそなわ》さむ」とのたまう。是に、神の教の随に鎮め坐《す》えまつる。則ち平に海を度《わた》ること得たまう。

また『古事記』には、つぎのようにみえている。

〔仲哀天皇段〕　ここに建内の宿禰曰さく、「恐し、我が大神、その神の御腹にます御子は何の御子ぞも」ともおせば、「男子なり」と答えて詔りたまいき。ここにつぶさに請いまつらく、「今かく言教えたまう大神は、その御名を知らまくほし」ともうししかば、答え詔りたまわく、「こは天照大神の御心なり。また底筒男、中筒男、上筒男の三柱の大神なり。（この時、その三柱の大神の御名は顕わるるなり。）今まことにその国を求めむと思おさば、天つ神地つ祇、また山の神、また河海の神たちまでに悉に幣帛奉り、我が御魂を御船の上にませて、真木の灰を瓠に納れ、また箸と比羅伝《ひらで》とを多に作りて、皆皆大海に散らし浮けて、度《わた》りますべし」とのりたまいき。

かれつぶさに教え覚したまえる如くに、軍を整え、船雙《な》めて、度りいでます時に、海原の魚ども、大きも小きも、悉に御船を負いて渡りき。ここに順風いたく起り、御船浪のまにまにゆきつ。かれその御船の波瀾、新羅の国に押し騰りて、既に国半まで到りき。ここにその国王、畏じ惶みて奏して言さく、「今より後、天皇の命のまにまに、御馬甘《みまかい》として、年の毎に船雙《な》めて船腹乾さず、柂檝乾さず、天地のむた、退《や》むことなく仕へまつらむ」ともうしき。かれここを以ちて、新羅の国をば、御馬甘と定めたまい、百済の国をば、渡の屯家《みやけ》と定めたまいき。ここにその御杖を、新羅の国主の門に衝き立てたまい、すなわち墨江の大神の荒御魂を、国守ります神と為て祭り鎮めて還り渡りたまいき。

これらの伝えによれば、神功皇后の朝鮮出兵は、いわばツツノヲノ神の神教によって行われ、その神助によって勝利をえ、そしてツツノヲノ神を平定地に祭ることによって完遂した、といっても過言でないと思われるほどに、神功皇后の朝鮮出兵とツツノヲノ神とは、密接不離な関係にむすばれているとみてよい。それ故、神代史を別とすれば、ツツノヲノ神の紀・記における〝出現〟は、この朝鮮出兵の際が最初であり、しかも画期的ということになる。そこで古事記は、前述のようにツツノヲノ神の御名の下に注をつけて「この時、その三柱の大神の御名は顕わるるなり」と特筆したのであろう。まさしく、ツツノヲノ神の御名が、中央文献である紀・記に〝顕わるる〟のは、この時、すなわち神功皇后の朝鮮出兵の際であったのだ。

三　神功皇后

朝鮮半島への出兵

前章において、住吉大神の顕現が、歴史の上では、神功皇后の朝鮮出兵の際であることを説いた。そこで次に、その神功皇后の朝鮮出兵ということについて考えなければならないが、神功皇后については、今日、日本史の教科書などにもその名前が見えず、たまたま見えてもたんに伝説上の人物として述べられている。したがって一般には、神功皇后の朝鮮出兵についても、あいまいに考えられているが、果してそうであろうか。

好太王の碑

まず、四世紀の中頃から五世紀の初めにかけて、倭、すなわち日本の軍隊が朝鮮半島に進出し、半島側の軍隊と激戦を重ねたことは、朝鮮側の史料、十二世紀中頃につくられた『三国史記』によっても知られるが、もっと古く、四一四年に鴨緑江北岸の地に立てられた有名な高句麗好太王の碑によっても明らかである。

百残（百済）・新羅は旧《もと》是れ属民にして由来朝貢せり。而《しか》るに、倭、辛卯の年（三九一年）を以て、来りて海を渡り、百残・□□・新羅を破りて、以て臣民と為す。六年丙申（三九六年）を以て、王（好太王）躬《みずか》ら水軍を率いて、残国を討科し、軍□□首、壱八城を攻め取る。……（中略）……百残王（百済の阿花王）困逼して、男女生口一千人・細布千匹を献出し、王に帰して自ら誓う、今より以後、永く奴客と為らんと。……（中略）……九年己亥（三九九年）、百残誓に違い、倭と和通す。王平穰に巡下す。而るに新羅使を遣して王に白《もう》して云《いわ》く、倭人其の国境に満ちて、城池を潰破し、奴客を以て民と為せり、王に帰して命を請うと。……（中略）……十年庚子（四〇〇年）、歩騎五万を遣して、往きて新羅を救わしむ。男居城より新羅城に至る、倭其中に満つ。官兵方《まさ》に至り、倭賊退く。……（中略）……追いて任那・加羅に至り、従つて城を抜く。城即ち帰服す。……（中略）……十四年甲辰（四〇四年）、□倭、不軌にして帯方の界に侵入す。……（中略）……倭冦潰敗し、斬殺すること無数なり。

好太王の碑

好太王は、三七四年の生れで、位に即いたのが三九一年であるから、この碑に示されているのは、その後のことに限られているが、ともかく倭の軍隊が一時は帯方郡の界、つまり少なくとも今のソウル附近にまで攻めこんでいたことは疑いない。

そして、『日本書紀』と朝鮮の『三国史記』の記事を対照すると、四世紀の中頃よりすでに、わが国と百済との間に深い関係があり、百済は、北方より南下しようとする高句麗の勢力に対抗するために、日本の協力を求める必要があって、三六七年に、使者を日本に遣わし、わが国はそれに応じて、三六九年に出兵し、まず新羅を討つことによって南朝鮮の一部分を支配下におさめたことは明らかである。

つまり、四世紀の中頃から五世紀初めにかけて、日本の軍隊が朝鮮半島に進出したという明瞭な事実を踏まえて考えると、『日本書紀』や『古事記』に記されている神功皇后の所伝は、けっして荒唐《こうとう》無稽《むけい》のものではなく、明らかな事実にもとずいた伝承としなければならない。

神功皇后紀の構成　問題は、紀・記の所伝、とくに詳しく伝えられている『日本書紀』の神功皇后紀が、果してどういうプロセスによって成立したのか、という点にあるが、それを吟味することによって、いっそう所伝の信頼性が明らかにせられるであろう。ただし、今その問題に深入りすることはできないので、次に田中卓博士の説を紹介することにする。

同博士によれば、神功皇后紀の成立は、次の三段階に分けられる。

〔第一〕　先ず、神功皇后に関するわが国独自の説話・伝承的資料（旧辞資料）が広く聚集され、仲哀天皇の帝紀・旧辞と抱き合わせることによって、仲哀天皇紀（即位前紀〜九年）と神功皇后紀の前半（摂政前紀〜摂政十三年）と崩御記事（摂政六十九年）が構成せられた。

〔第二〕　別に、対外交渉を明らかにするため、朝鮮側資料——主として百済史料——を採用し、それをそのまま生の形に近い文章で記録する場合（第一次的資料）と、さらにそれを素材としながら、かなり創作の手を加えて日本風に構文した場合（第二次的資料）との差はあるものの、いずれにしても朝鮮関係資料を援用して整理せられた対外交渉関係の資料（朝鮮外交資料）を基にして、神功皇后紀の後半（摂政三十九年〜七十六年）が構成され、それが〔第一〕の後に附加せられた。

〔第三〕　前述の〔第一〕（旧辞資料）においては、ほとんど年代は等閑視され、〔第二〕（朝鮮外交資料）においては、朝鮮側の干支によって年代が推知せられていたが、それとは別に、『日本書紀』全体の紀年（皇紀）を確立する必要があって、まず讖緯説によって神武天皇元年を設定し、次に中間点を押える意味で、魏志や晋起居注に見える「倭女王」の実年代を参照して、およその神功皇后在世時代を想定した。そのために、この段階で挿入されたのが問題の四条（摂政三十九年・四十年・四十三年・六十六年）と太歳記事（摂政元年・三十九年・六十九年）であろう。しかしそのために、〔第二〕の朝鮮外交資料の干支は二巡くりあげて配当される結果となった。

以上、やや専門的な説明で難解な点もあるが、これを判りやすく図表に示すと、つぎのごとく

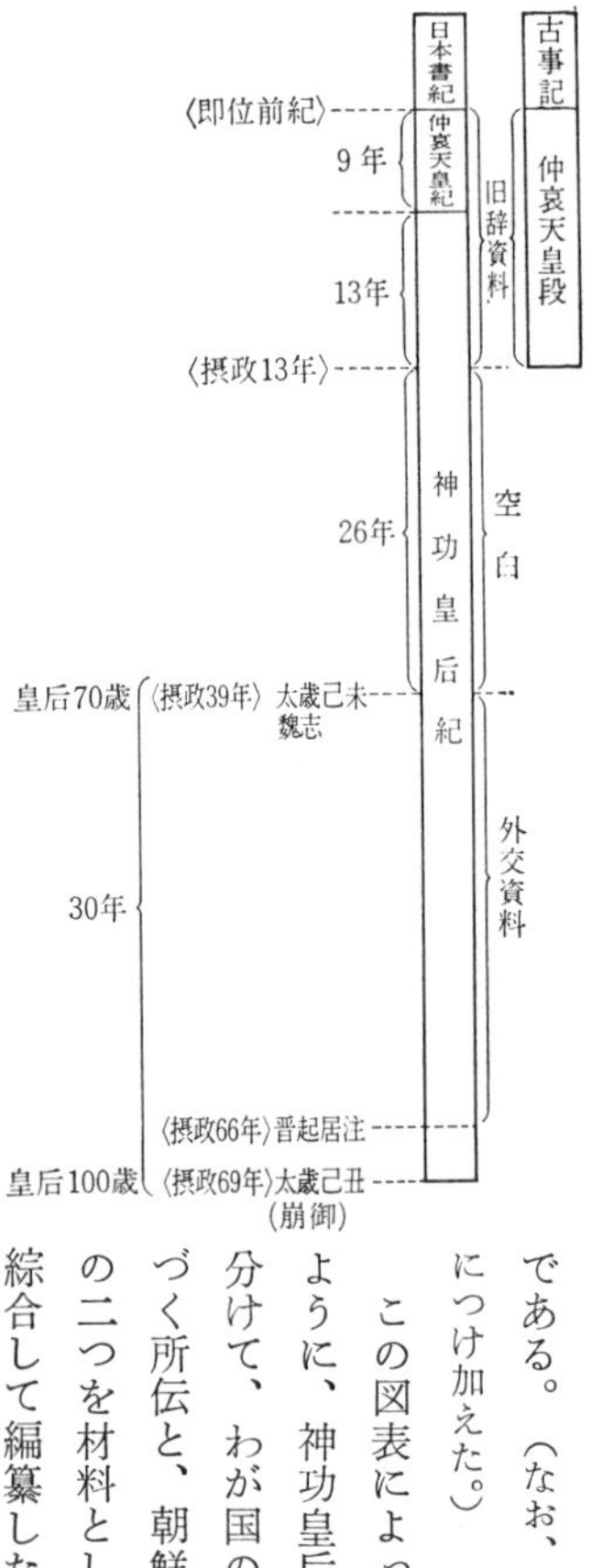

である。（なお、古事記をも参考につけ加えた。）

この図表によって察せられるように、神功皇后紀は、大きく分けて、わが国の旧辞資料に基づく所伝と、朝鮮側の外交資料の二つを材料とし、その両者を綜合して編纂したものであるが、その際、じつはその両者が、共に同一の内容を伝えているものであるにもかかわらず、日本側資料を前に置き、朝鮮側資料を後に置いて、これを年代順に配列したために、一見して異様な体裁となっている。しかし、これは、じつは同じ内容を伝えるものであるから、記事を前後にではなく、並列して考えれば、きわめて合理的に、スムーズに理解せられるであろう。

外征指導者としての神功皇后

そして、神功皇后紀にいうところの朝鮮出兵は、四十九年己巳の歳であり、これを西暦になおすと二四九年に相当する。しかし、このあたりは、周知のように、『日本書紀』の紀年に干支二巡（一二〇年）の繰り上げがあるので、これを修正すると三六九年に相当する。すなわち、三六九年よりわが国の本格的な朝鮮出兵がはじまったと見てよいのである。

そうすると、三六九年前後において、わが国の政治・外交の中心となり、これを指導した人物は誰であるか、ということが次の問題となる。『日本書紀』はそれを、神功皇后――正しくいえばオキナガタラシヒメノミコト――と伝えているのだ。

一部の学者は、神功皇后の存在を否定するけれども、大軍を朝鮮半島に派遣する以上、当然、ヤマト朝廷に有力な指導者がなければならない。そこでもし、神功皇后の存在を認めないとしても、その他に、とうぜん誰かそれに相当する有力な指導者を考えなければならない。

神功皇后

したがって、神功皇后を否定する者は、いったい誰を、当時のヤマト朝廷の指導者とするのか、それを明確にすべきであろう。そのことなしに、『日本書紀』や『古事記』の内容を浅く読んで、いたずらに神功皇后を抹殺しようとするのは、歴史家としては幼稚な見方といわねばならない。

神功皇后前後の実年代

そこで、つぎに、神功皇后を中心として、その前後の天皇御歴代の実年代について考えてみることにしよう。

これは、たいへんむずかしい問題であるが、これを解決するものとして、『古事記』の崩年干支がある。

『古事記』には、天皇の亡くなられた年の干支が記されている。しかしそれは、すべての天皇にわたってではなく、第十代の崇神天皇より第三十三代の推古天皇に至る間で、しかもその中の十五代の天皇に限られている。

そこで、この崩年干支が、果して信用できるのかどうかについて、学界では古来種々の議論があるが、近来、いわゆる倭の五王との比較などによって、その信頼性が高められ、とくに田中卓博士の研究によって、『古事記』の崩年干支を全面的に肯定する説が、注目を引いている。

いま、その詳しい紹介をする余裕はないが、田中博士説によって、崇神天皇から雄略天皇にいたる御歴代の『日本書紀』と『古事記』の崩年干支を一覧表にして示すと、上のとおりである。（崇神天皇の古

＜崩年干支の一覧表＞

	日本書紀崩年		古事記崩年	
	干支	西暦	干支	西暦
10 崇神天皇	辛卯	−30	戊寅	258
11 垂仁天皇	庚午	70		
12 景行天皇	庚午	130		
13 成務天皇	庚午	190	乙卯	355
14 仲哀天皇	庚辰	200	壬戌	362
神功皇后	己丑	269		
15 応神天皇	庚午	310	甲午	394
16 仁徳天皇	己亥	399	丁卯	427
17 履中天皇	乙巳	405	壬申	432
18 反正天皇	庚戌	410	丁丑	437
19 允恭天皇	癸巳	453	甲午	454
20 安康天皇	丙申	456		
21 雄略天皇	巳未	479	己巳	489

事記崩年干支「戊寅」を三一八年とみる説が多いが、田中博士は『住吉大社神代記』の中から垂仁天皇の崩年干支「辛未」を発見し、この「辛未」が三一一年に当るので、「戊寅」を二五八年と推定された。）

そこで、この『古事記』の崩年干支を認める場合、仲哀天皇の崩御は三六二年、応神天皇の崩御は三九四年となる。神功皇后は仲哀天皇の皇后であるが、崩年干支が示されていないので、不明である。しかし『日本書紀』は、神功皇后がなくなられた後、御子の応神天皇の御世を四十一年としているので、その年数にはもちろん延長の手が加わっているけれども、神功皇后が応神天皇の崩年以前に亡くなられていたことは間違いあるまい。したがって、仮りにいえば、三七〇〜八〇年代に崩ぜられたとみてよいであろう。

石上神宮の七支刀

そこでさらに、この年代をもとにして考えると、かの有名な七支刀の問題も、きわめてスムーズに解決される。

七支刀

七支刀は、現に奈良県の石上神宮に納められている国宝であるが、これには、泰和四年（三六九）に、百済王とその世子が御恩を蒙っている倭王のために、百練の鉄をもって、いまだかつて見なかった珍しい剣を作った、ということが記されている。

この銘文についても、最近、内外の学者の間で異説がみられるけれども、何よりも重大なことは、この七支刀について、『日本書紀』の神功皇后紀に、つぎのように、百済の使が来朝して七枝刀その他を献った、という記事が明記されていることである。

〔神功皇后摂政五十二年〕　九月丁卯朔丙子、（百済の人）久氐等、千熊長彦に従いて詣る。則ち、七枝刀一口、七子鏡一面、及び種々の重宝を献る。仍りて啓して曰さく、「臣が国の西に水有り。源は谷那の鉄山より出ず。其邈《とお》きこと七日行きて及《いた》らず。当《まさ》に是の水を飲み、便《すで》に是の山の鉄を取りて、永に聖朝に奉らむ」ともおす。

いったい、『日本書紀』の編者が、現在の七支刀の銘文を見て、この記事を作ったわけではあるまい。また、『日本書紀』の記事を見て、現在の七支刀が後に偽作されたわけでもあるまい。それらはもともと、それぞれ独立した史料とみなければならないが、その独立した二つの史料が、期せずして七支刀の百済より伝来されたことを伝えているのであるから、銘文の解釈も、とうぜん、『日本書紀』を参考にして行われるべきものであろう。

さて、そうしてみると、神功皇后紀五十二年というのは、西暦で二五二年に当るが、このあたりは、前述のように一二〇年の延長があると考えられるので、修正すると、三七二年となる。

現存する七支刀の製作年代が、泰和四年、すなわち三六九年にあたるから、それと『日本書紀』

に見える伝来の年代、すなわち、三七二年が、まことに都合よく対応するではないか。

いずれにしても、三七〇年前後に、百済で七支刀が作られて日本に持って来られたということになると、その三七〇年という年代は、前述の『古事記』の崩年干支に照して、仲哀天皇の崩御(三六二年)の後であり、まさしく神功皇后の摂政の時代に当るわけだ。七支刀の銘文と、『日本書紀』の記載と、『古事記』の崩年干支と、この三者が、きわめて密接に一致するといわなければならない。

さらに、前述の好太王の碑をみても、倭の軍隊が海を渡って、大いに武威を輝かしたという辛卯の年、即ち三九一年は、『古事記』の崩年干支によれば、応神天皇の崩年(三九四年)よりも以前であり、時代的にまことにふさわしい。

なお、日本の朝鮮出兵の記事については、『古事記』では仲哀天皇の段にすべてまとめ、『日本書紀』でも神功皇后の巻に一括して記載しているが、実際には、応神天皇および仁徳天皇の御代の始め頃までは、高句麗との戦が継続していたこと、好太王碑によって推定せられるとおりである。

神功皇后の出自

さて、神功皇后の出自であるが、幸にも神功皇后の父方と母方のくわしい系図が、『古事記』の開化天皇の段と応神天皇の段に記されている。父方のほうは、直系のみを要約することにするが、母方は重要であるので、全文を系譜につないで示すと、つぎのとおりである。

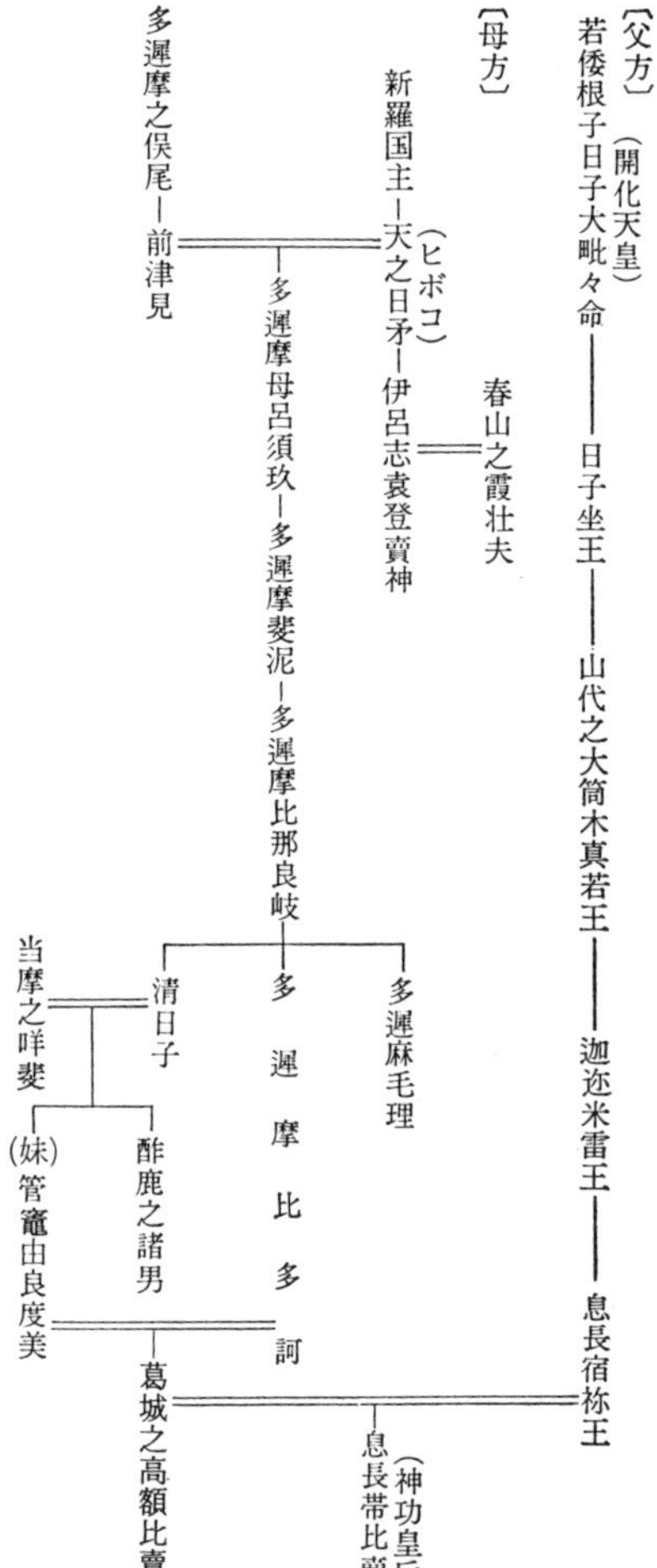

この系譜は、一見、非常に不思議な感じを与えるであろう。父方が、開化天皇の皇子の日子坐王から出ていることは、それでよい。しかし、母方が天之日矛《あめのひぼこ》、すなわち新羅国主の子と伝えられる朝鮮系に属することは、たいへん注意をひくことだからである。

皇族の系図を伝える場合、『古事記』が、事実でないにもかかわらず、わざわざ新羅系の帰化人を、母方の祖先としていつわって造作するはずはない。それをこのように書いているのは、やはり、神功皇后の血統には天のヒボコという一族の流れが伝わっていることを、認めざるを得ないであろう。

天のヒボコ

天のヒボコについては、『日本書紀』垂仁天皇三年の条、および播磨国風土記に見えているが、九州方面より瀬戸内海を通って畿内に入ろうとした勢力で、ヤマト朝廷は、これを播磨国において防いだので、ヒボコは淀川をさかのぼって近江に入り、若狭を経て、ついに但馬の出石《いずし》に落ちついたという。そして現に、但馬国の式内社である出石神社に、この天のヒボコが祭られている。

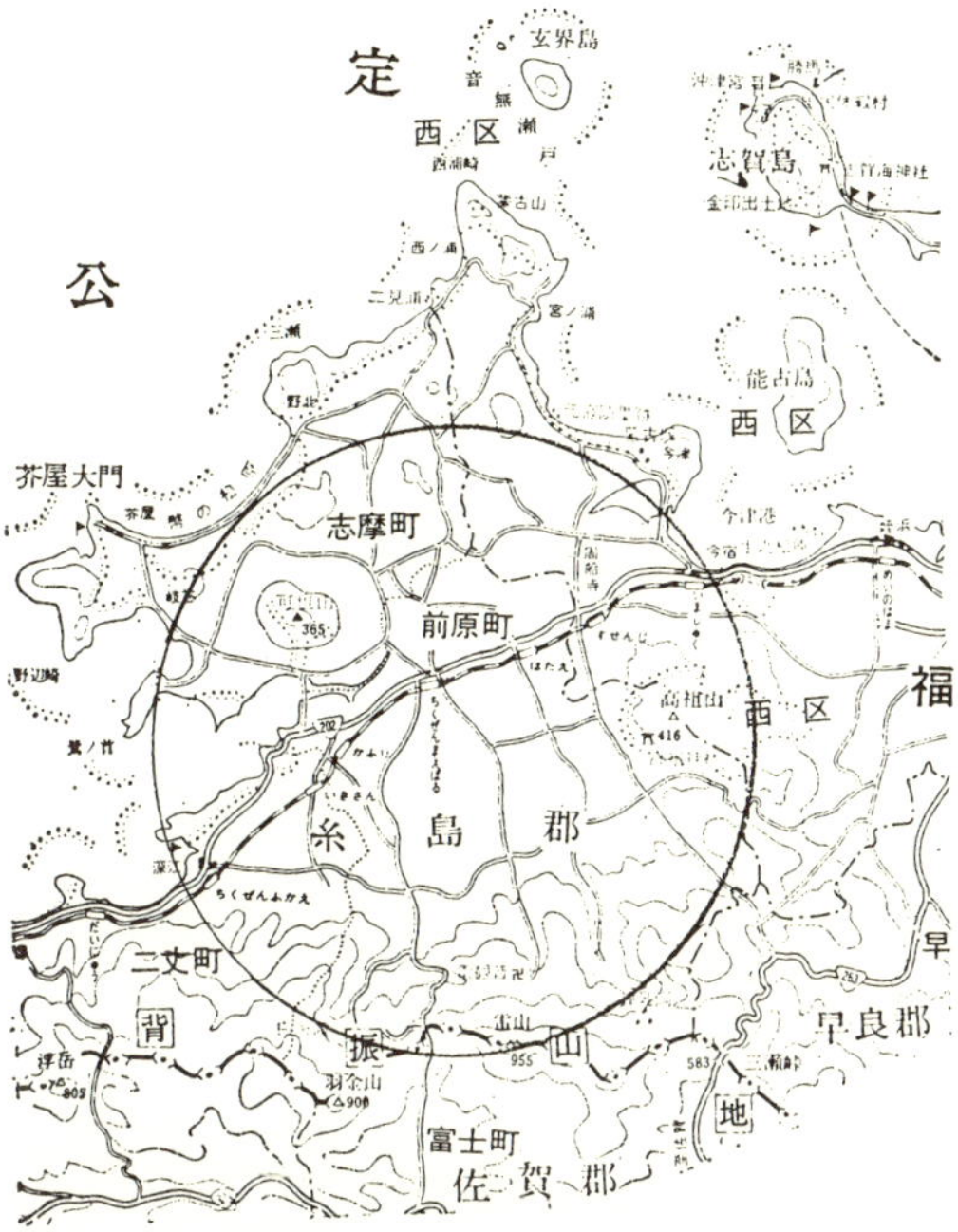

ところが、九州の筑前国風土記をみると、伊覩県主《いとのあがたぬし》（伊覩県は今の福岡県糸島郡）の祖先がやはり日《ひ》桙《ほこ》とされている。伊覩県主というのは『魏志』倭人伝にみえる伊都国の首長に当るが、この伊都国にはとくに一大率が置かれ、検察の役割をしていたので、諸国これを畏憚した、と記るされている。つまり伊都国は邪馬台国を中心とする女王国連邦の、もっとも有力な国の一つであったわけである。

したがって、三世紀の後半、女王国連邦が解体した時に、伊都国も崩解し、畿内をめざして移動してきたのが、このヒボコを名乗る部族集団であったのであろう。そしてヤマト朝廷はこれを危険とみて畿内に入れなかったので、結局、但馬国に安住の地を見い出したものと思われる。

北九州勢力の応援

さて、このヒボコを母方の祖先として、神功皇后が出生され、その神功皇后が、御夫君の仲哀天皇の場合とは異って、九州混乱の原因はクマソにあらず、朝鮮にあり、として半島に出兵し、しかも成功されたということは、皇后には、朝鮮に関する特別な情報源があり、また朝鮮出兵も北九州の伊都国の勢力をバックにして行われた、ということを推測させる。そういう背後の勢力があったればこそ、波高き玄海灘を渡り、対馬海流の激しい朝鮮海峡を渡るだけの水軍を持ち得たのであろう。

朝鮮出兵と簡単にいうけれども、先年の〝邪馬台国への道〟で活躍した〝野性号〟のボートの選手達でも、この朝鮮海峡を渡ろうとして潮に流され、ついに母船にひっぱられて、ようやく助かったという状態である。容易に朝鮮海峡を渡ることはできない。まして、おそらく千の単位をもって数えるような大軍で、舟を連ねて半島に渡るためには、かならずや北九州の水軍の大きな協力を得ていたに違いない。それを神功皇后がなし得たのは、他ならぬ皇后ご自身の出自が、伊都国に由来していたからと思われる。

このことを考えると、『古事記』の系譜というものは、じつに貴重な史料であり、神功皇后と伊都国とを結び着ける大きな役割を果していることが知られるであろう。

以上の吟味によって、神功皇后が四世紀後半のヤマト朝廷を指導された実在の御方であり、朝鮮出兵に際しては、伊都国をはじめ北九州の海族などの勢力の応援があって成功した、という事情が明らかになるであろう。

四　住吉大社の鎮祭

ツツノヲノ命は北九州の神

神功皇后の朝鮮出兵に際して、ツツノヲノ命が顕現し、神助をくだされたことについては、すでに第二章において述べた。すなわち半島出兵に際して、皇后に〝神〟の誨《おし》えたまうことあり、「和魂は王身に服《したが》いて寿命を守らむ。荒魂は先鋒として師船を導かむ」とみえるが、この神がツツノヲノ命であり、住吉大神にほかならない。

そして、このツツノヲノ命は、『古事記』によれば、この朝鮮出兵の時に、〝初めてその御名が現われた〟ということであって、それ以前に、ヤマト朝廷による祭祀をうけた形跡がない。また先に考えたように、神代史の橘小門についても筑前説が有力である。とすれば、このツツノヲノ命は元来、やはり北九州の神にましますと推察するのが穏当であろう。

ツツノヲノ命の名義

ところで、このツツノヲノ命の名義はどういうことであろうか。ツツノヲの意味については、古来、幾多の議論がある。その主なるものを紹介すれば、つぎのごとくである。

(イ) 『釈日本紀』には、ツツノヲの三神について、〃所由あるに似たり〃としながら、結局、意味不明としている。

(ロ) 垂加流の神道では、〃筒は土なり、敬なり、敬もつて清明の験を得、故に筒男命という〃としている。

(ハ) 『古事記伝』では、ツツはツチと同じとし、ツツノヲはツ（助詞の之）・チ（尊称）・ノ（助詞の之）・ヲ（尊称）であろうとしている。

(ニ) 鈴木重胤の『祝詞講義』では〃筒は伝《つたう》なり、伝とは海の底と中と上とを持ち分けて、その御霊の至り及ばせ給わぬ隈《くま》無き事なり〃といい、海路を主宰したもう神としている。

(ホ) 岡吉胤氏の『徴古新論』には、〃筒は津路の義にて、海路《うみじ》を司り給へる神なるべし〃という。

(ヘ) 吉田東伍博士の『倒叙日本史』では、ツツはゆふづつ（即ち金星）の〃つつ〃、星の義としている。

(ト) 山田孝雄博士は、ツ（助詞の之）・ツノヲ（津之男）と解し、底ツツノヲの命についていえば、底の津之男ということであり、津之男とは津を司る長神《おさがみ》の意としている。

(チ) 岡田米夫氏は、船の帆柱を立てる底部の柱の穴の箇所を筒穴とよび、底に船霊を安置するところから、船霊と筒《つつ》の関係で〃つつ〃の信仰がうまれたと解している。

いずれも興味ある説であるが、田中卓博士は、これらの所説には従いがたいとして〃ツツノヲ〃は〃ツツの男〃であり、その〃ツツ〃は、対馬の南端、いま

神秘な豆酘《つつ》の地

は厳原町の内に属する豆酘《つつ》の地であろう、という新見解を示されている。この豆酘の地は、昔からアジールの風習が存した地として有名であり、禁忌神秘の風を今に存するところである。そして、この地に、竜良山《たてら》（一名天道山、五五八㍍）が聳えているが、この山も千古の禁足地であり、山そのものを御神体としている。またこの地には多久頭神社（いま多久頭魂神社という）や雷命神社があって、いずれも式内社である。

雷命神社は豆酘大明神ともよばれ、祭神の雷大臣命は、『日本書紀』にみえる中臣烏賊津連にあたり、朝鮮出兵の際に従軍して、勲功のあった人物で、『新撰姓氏録』によれば、壱伎直・津嶋直などの祖先とされている。かつて吉田東伍博士がこの雷命神社について、雷命は『神功皇后紀』の烏賊津使主と同じで、雷大臣というのは、本来、この島の豆酘の名を取り、厳《いか》豆酘《つつ》と称えていたのが転じて雷（イカツチ）となったものではあるまいか、と推定されている。また多久頭神社は、社伝によると、神功皇后が三韓に出向いた時、諸神を拝した所としている。

さらに、この豆酘には神住居神社があって、その祭神は神功皇后である。その由緒書によると、神功皇后が新羅を征した時、まず雷大臣命を遣わしてここに行在所を定められ、仲哀天皇九年六月一日、この豆酘浦に着き、当行宮に入られて、しばらくおわしましたので、後の人がここに社殿を建て神住居の社と名づけた、ということである。

豆酘《つつ》の男の命

このように豆酘の地は、神功皇后の朝鮮出兵に関して、たいへん関係が深く重要な土地とされている。したがって当然この豆酘の海を支配する海族がいたわけであり、それをツツノヲノ命（豆酘の男の命）と考えても、少しも不思議ではない。スサノヲノ尊も、元来はスサの男の尊、すなわち須佐（出雲国飯石郡須佐郷）という土地の長という意味であろうが、それと同様に解するのである。神名に地名を冠するのは、出雲大神・伊和大神・熊野大神・三輪大神などと、古典に限りがない。また、オキツ島姫・イチキ島姫などというのも、同じ例であろう。さらに大国主命の別名を葦原《あしわら》色許男《しこを》神・葦原志挙乎《しこを》命などというのも、葦原の中つ国の醜男《しこを》であって、スサの男《を》と同じ用法と思われる。なお、この場合、一見、神名と人名が混同しているように思われようが、古代にあっては、人といっても〝神を奉ずる人〟であり、古典に出てくる神は〝人に奉ぜられた神〟であるから、同じ名前が、神名であったり人名であったりするのである。このことはむしろ、古代の姿を想察させる重要な点といってよい。

そしてすでに説いたように、ツツノヲノ命はワタツミノ神と併列して、神代史にあらわれる。それは、両者が元来一つであり、広く解すればワタツミすなわち、ワタ（海）ツ（助詞の）ミ（霊）の神であり、これを奉ずるものはアマ（海人）ツミ＝阿曇《あづみ》氏であったと思われる。そして豆酘の男の命は、元来、この海人阿曇の一族であって、豆酘の地を本拠としていたために、一般に、〝ツツの男〟の名をもって呼ばれるにいたったものであろう。その関係は、天照大神と伊勢大神の場合と同じである。両者は名義を異にし、全体と部分、抽象と具体、体と用などの観点から区別せられるけれども、本来は、日の神として同質である。ツツノヲノ命を奉ずる〝ツツの男〟は、もともと阿曇氏の一族であったのであろうが、神功皇后の朝鮮出兵を契機として、阿曇一族の間にも分岐隆替があり、〝ツツノ男〟はその輝く戦功によって、後に説くように、中央である畿内に進出する機会を得たのであろう。

ツツノヲノ命の鎮祭地

さて、神功皇后朝鮮出兵の後、ツツノヲノ命を、どの地に祭られたかを、つぎに考えてみよう。

まず第一に、新羅国に鎮祭されている。そのことは『古事記』の新羅平定の後の段に、

ここにその御杖を、新羅の国主の門に衝き立てたまい、すなわち墨江の大神の荒御魂を、国守ります神と為て祭り鎮めて還り渡りたまいき。

とみえる。すなわち神功皇后が新羅国において墨江大神を〝国守神〟として祭られ、その後に日本に帰還されたことを意味している。

ところが本居宣長は『古事記伝』において、このように新羅国に墨江大神を祭ることは考えがたいとして、『古事記』の「為二国守神一而祭鎮還渡世」の「還渡」の二字は、その前にみえる、「新羅国主之門」の「門」の字の次にあるべきを、稗田阿礼が誦《よ》み間違えたのではないか、という説を述べている。しかしそれは、宣長の誤解であって、『古事記』の原文のままでよい。というのは、『住吉大社神代記』に、

新羅国をしたがえたまい、三宅を定め、また大神の社を定め奉る。而して祝《はふり》は志加乃奈具佐なり。而然《しか》して皇后、新羅より還り渡り坐す。

とあるからである。志加乃奈具佐というのは、前述のとおり、『日本書紀』にみえる礒鹿海人名

草であって、この人を祝として新羅国に住吉大神の社が定められたことが伝えられているのである。なお『住吉大社神代記』には、

大唐国　一処　住吉大神社（三前）

新羅国　一処　住吉荒魂（三前）

ともみえ、新羅国に住吉の荒魂が祭られただけではなく、さらに、大唐国にも住吉大神の社が一か所おかれていたというが、その所在は明らかでない。

ついで、同じく『住吉大社神代記』には

筑前国那珂郡　住吉社（三前）

とみえ、これは現在の福岡市の住吉神社であるから、この地にもはやくから祭られていたのであろう。

さらに『日本書紀』にみえるのは、長門国豊浦郡の住吉神社である。これはツツノヲノ神が神功皇后に教えて、「我が荒魂をば、穴門《あなと》の山田邑《やまだのむら》に祭らしめよ」と申されたので、穴門直の祖践立《ほむたち》と津守連の祖田裳見宿禰《たもみのすくね》が、皇后に神の求められる土地を献上し、践立をもって荒魂を祭る神主として、祠《やしろ》を穴門（長門）の山田邑に立てたという。

ついで、神功皇后は広田国（広田神社）に天照大神の荒魂を祭られ、また活田長峡国（生田神社）に稚日女尊、さらに、長田国（長田神社）に事代主尊を、それぞれ祭られた。

さらに、表筒男・中筒男・底筒男の三神が、

吾が和魂をば、大津の渟中倉《ぬなくら》の長峡《ながお》に居《ま》さしむべし。便《すなわ》ち因りて往来《ゆきかよ》う船を看《みそなわ》さむ。

と申されたので、神の教えのまにまに、皇后はその地に住吉大神を祭られたという。

大津の渟中倉の長峡

ただしこの、大津の渟中倉の長峡について、本居宣長は、摂津国菟原郡の住吉村（今の神戸市東灘区住吉）にあて、もともとこの地に住吉大神が祭られていたのを、後に仁徳天皇の御代頃、今の住吉郡の地（今の大阪市住吉区）に移されたのであろう、と述べている。たしかに、菟原郡の地にも古くから住吉神社があり、『住吉大社神代記』にも、

菟原郡　社（三前）

とみえている。しかし、大津の渟中倉の長峡については、『日本書紀』と前後して成立したと思われる『摂津国風土記』に、

住吉と称う所以は、昔、息長足比売の天皇のみ世、住吉の大神現れ出でまして、天の下を巡り行でまして、住むべき国を覓《ま》ぎたまいき。時に、沼名椋《ぬなくら》の長岡の前 前は、今の神の宮南の辺、是れ其の地なり に到りまして、乃ち謂《の》りたまいしく、「斯は実に住むべき国なり」とのりたまいて遂に讃め称えて、「真住み吉し、住吉の国」と云りたまいて、仍ち神の社を定めたまいき。

今の俗、略きて、直に須美乃叡《すみのえ》と称う。

とあり、〃沼名椋の長岡の前〃について「今の神の宮の南の辺」、すなわち、現在の住吉郡の住吉大社の南端と明記しているから、疑いない。長峡というのは現在の上町台地が阿倍野よりさらに南に丘陵としてのびている姿をいい、現在の住吉大社はその尾に存在するから、地形的にも一

致している。

さらに『住吉大社神代記』によれば、

玉野国渟名椋の長岡の玉出の峡の墨江の御峡に座す大神。
今謂う、住吉郡神戸郷墨江にいます住吉大神なり。

とも記されている。

住吉鎮祭の古伝

このようにして現在の住吉大社が神功皇后によって鎮祭されたことは、明らかであるが、さらにその間の事情について詳しく伝えているのは、『住吉大社神代記』のつぎの記事である。これは古い漢文体であるが、わかりやすく書き下しにしよう。

因《かれ》、則ち手搓足尼《たもみのすくね》を以て祭拝らしむ。難波の長柄に泊り賜う。胆駒山《いこまやま》の嶺に登り座す時、甘南備山を寄さし奉る。大神、重《また》宣りたまわく、「吾の住居《すま》わむと欲う地は渟名椋の長岡の玉出の峡ぞ」と。時に皇后勅りたまわく、「誰人か此の地を知れるや」と。「今問わしめ賜う地は、手搓足尼の居住地なり」ともうす。「然《し》かあれば替地を手搓足尼に賜いて、大神に寄さし奉るべし」と宣り賜う。時に進みて手搓足尼の啓《もう》さく、「今須《しばら》く替地を賜わらずとも、大神の願い賜う随《まにま》に己が家舎地等を以て、大神に寄さし奉らむ」ともうして已了《ことおえ》き。即、大神の住み賜うこと御意の如くなるに因りて、住吉国と名を改め号し、大社を定めたまいき。即ち悦び賜いて宣わく、「吾は皇后の、神主と為《な》りたまい太襁褓《ふとむつき》を懸けて、斎祀たもうは享《う》け賜わじ。手搓足尼に拝戴《いつ》かれて、天皇君を夜の護、昼の護りと護り奉り、同じく天の下の国家人民を護り奉らむ」と宣り賜う。時に皇后、神主と為りたもうことを止め賜い、「吾に代りて斎祀奉らしむるに、手搓足尼を神主となせ」と勅し賜う。仍、神主を奉ること已了き。亦、大神宣わく、「若し手搓足尼等の子孫の過罪ありと雖も、見決《つみなえ》たまわざれ。若し当罪を勘え見決可きこと在らん時は、替りて吾その罪を受けなむ。曽《ゆめ》、な勘決《つみさだめ》しめたまいそ」と。爰に皇后、「免奉《ゆるしまつ》りて、自今以後は犯せる罪も見決まつらず」と勅答して亦了えき。時に大神曰わく、「此の勅旨に誤《たが》いて、若し見決らるれば、天の下の宗廟社稷に灾難・病患・兵乱・口舌・諸悪難疾疫の起る在らむ」と盟宣賜《しずめまつ》いき。仍、件の宅地に御社を定めて、斎主を奉りて奉鎮祭《しずめまつ》りき。亦、皇后の御手物、金絲・椯利《たたり》・麻桶笥《おけ》・桛《かせい》・一尺鏡四枚・劒・桙・魚塩《なしお》地《どころ》等を寄さし奉り賜い、「吾は御大神と共に相住まむ」と詔り賜いて、御宮を定め賜いき。是を以て渟中椋の長岡の玉出の峡を改めて住吉と号す。これより大神の座《まし》賜う処処を住吉と称しき。

これによると、渟中倉の長岡の玉出の峡、すなわち現在の土地は、もともと、手搓足尼の居住地であったが、大神のために、この地を寄進してみずから神主として奉斎したこと、また神功皇后ご自身が住吉大神とともに相住まんと申されて、同じ土地に御宮を定められた、ということが記されている。『住吉大社神代記』のこの記事は、神社の鎮座縁起としても、もっとも古い形を伝える貴重な資料とされるであろう。

なお住吉大神の御鎮座の年代については、帝王編年記に神功皇后摂政十一年辛卯《かのとう》に、「住吉の料である。

神、顕形《げぎょう》したまう」と見えている。これは住吉神社と〝卯《う》〟（うさぎ）との関係をしめす古い史

神殿と祭神の関係

さて、住吉大社の神殿は周知のように、縦に三殿が東西に並び、一番前の神殿の向って右側、つまり南側に第四殿がある。三殿には表筒男・中筒男・底筒男の三神が祭られ、第四殿には神功皇后が祭られている。このなかで第四殿の神功皇后についてはは異論はないが、第一、第二、第三殿の御祭神については難しい問題がある。それは『住吉大社神代記』に、つぎのように書かれているためである。

御神殿　四宮
第一宮　表筒男
第二宮　中筒男
第三宮　底筒男

ところが、現在の住吉大社における祭神の順は、

第一本宮　底筒男命
第二本宮　中筒男命
第三本宮　表筒男命

であって、第一と第三本宮の祭神が反対になっている。

この困難を解決するために、『住吉大社神代記』にみえる第一宮が、じつは今の第三宮であり、

古くは前、つまり西より順に第一、第二、第三とよんでいたのを、今は後《うしろ》、つまり東より順によぶようになったための移動ではないか、という説がある。しかしこの点は、『住吉大社神代記』の記事のなかに「東一大殿」という用語があり、これは、〃東の第一神殿〃をさしているので、神殿の順番の呼称は、『神代記』の書かれた昔から一定していたと思われる。

そうすると、『住吉大社神代記』の頃には表筒男・中筒男・底筒男の順に奉祭されていたのに、後の時代に今のような底筒男・中筒男・表筒男の順に改められたものと考えざるをえない。このような変化がどうして起ったかは明らかでないが、『日本書紀』・『古事記』の〈神代巻〉においては、住吉三神の御名がいずれも〃底・中・表(上)〃の順で記るされているけれども、『日本書紀』の〈神功皇后紀〉においては、四か所みえる三神の御名が、すべて〃表・中・底〃の順序としてあらわれている。この点に注意すると、『住吉大社神代記』の表記は、『日本書紀』の〈神功皇后紀〉と説を同じうし、紀・記の〈神代巻〉と異っていることがわかる。

この『住吉大社神代記』が住吉大社としての根本資料である限り、祭神名もそれを正統とすべきであるが、一方、現在のように、底筒男命を第一とする説も、二十一社記・二十二社本縁などにもみえており、これはおそらく、鎌倉時代以後さかんとなった『日本書紀』の〈神代巻〉研究によって影響をうけるとともに、一方、『住吉大社神代記』が、大社側において厳秘とされたため、古伝が忘れられた結果によるのではなかろうか。いずれにしても、ともに『日本書紀』・『古事記』の記載順に従うものであるから、にわかにその是非を定めることは慎重を期すべきであろう。

五　住吉大社神代記

大社の秘宝

住吉大社には、不思議な書物が、第一本宮の神殿奥深く伝えられている。不思議というのは、これが今からじつに千二百年も昔の古い書物であり、そしてその内容が住吉大社の由来について詳しく書かれている原本であるからである。

書物といっても、これは普通の冊子本ではない。一巻の巻物である。紙三十六枚をつなぎ合わせて、長さは約一七㍍におよんでいる。幅は三一センチ。巻子本としてもじつに堂々たる長巻である。そして現在本書は朱漆塗りの小さな唐櫃に収められ、この唐櫃はおそらく鎌倉・室町時代の作品と思われる。さらにそれは大唐櫃の中に納められ、その大唐櫃の身の部分は慶長十七年（一六一二）の作、蓋の部分は享保八年（一七二三）以後の後補である。

書名について

さて、この書物の書名であるが、これは一定していない。というと、奇妙に思われようが、本書は冒頭に、

摂津職に座す住吉大社の司、解《げ》し申す、言上、神代記の事。

合す。

従三位住吉大明神大社神代記
　住吉現神大神顕座神縁記

と見えている。摂津職というのは、普通は役所の名称として知られているが、ここでは摂津の国と同じ意味に用いられている。そしてそのような例は他にもあるから問題はない。つまり摂津の国に鎮座する住吉大社の神主が神祇《じんぎ》官に言上した解文《げぶみ》なのである。したがってもともと書名というものはない。しかし「従三位住吉大明神大社神代記」と「住吉現神大神顕座神縁記」の二つの縁起を合わせて「解し申す、言上、『神代記』の事」と記しているから、もし書名をつけるとすれば、『神代記』とするのがよいであろう。それは、例えば、もともとやはり同じ解文であって、「常陸の国の司、解し申す、古老相伝旧聞の事」とみえる文書を後に『風土記』とよぶのと同様に考えるわけである。現に、住吉大社に伝来されている原本の外装（後補）の外題にも『神代記』と書かれている。

しかしこれでは『日本書紀』や『古事記』の神代の巻と混同する恐れがあるので、かつて田中卓博士はこれを『住吉大社神代記』と名づけ、それ以後、一般に学界でもその呼び名が用いられている。

神代記の伝来

本書は、のちにも記すように天平三年（七三一）の年紀をもつ希代の古文書であるが、その名が初めて、一般の資料に見えるのは、藤原定家の日記『明月記』の寛喜二年（一二三〇）五月三日の条である。当時、住吉大社と四天王寺の間に所領争いがあり、大社側の証拠書類として「住吉所持神代記」の名前が見えている。この紛争の結果は明らかでなく、したがって『神代記』の果たした役割もつまびらかでないが、ともかくこの当時、『神代記』が住吉大社に秘蔵されていたことは疑いない。

つぎに鎌倉時代の終わり頃、住吉の神主であった津守棟国の記すところの、『諸神事次第記』の七月七日の条に、神官が神殿より〝神代記已下の櫃〟を取りいだして、『神代記』は荒むしろの上に安置し、虫ぼしをしたことが書かれている。またほぼ同様の記事は、棟国の子の国有が自ら記したといわれる『住吉神社年中行事』にも見えている。国有は吉野時代の初期の人物であるから、この頃まで『神代記』が神殿奥深く、奉安せられていたことは明らかである。

いやそれだけではない。現に住吉大社に秘蔵されている後醍醐天皇の綸旨によれば、延元元年（一三三六）四月二十二日、住吉大社知行の旧領を、『神代記』ならびに代々の勅裁以下の証文によって確認せられている。その後、室町時代の延徳・明応ころ（後土御門天皇の御代）の旧記にもしばしば『神代記』の文章が引用されていたようである。

しかしそれ以後、本書は神殿に奥深く秘蔵されて一般にはほとんど知られず、その存在さえも疑われるようになった。江戸時代になると天和年中、松下見林が住吉大社にきて、津守国教に『神代記』の拝見を希望したけれども、神社側の反対にあい、ついに目的をとげることができなかった。また元禄の頃を中心に活躍した梅園惟朝は、住吉大社の社家出身で、『住吉松葉大記』

という大著をまとめた国学者であるが、この人でさえ、ついに『神代記』を拝観することができず、「中世紛失して今伝らず」、あるいは「今神殿に納むるところの書笈韓櫃、皆神封して開くを得ず。神代記、いずれの笈なるかを知らず。惜しむべきの甚だしきものなり」と嘆いている。

明治以後の研究

しかし、幕末になると、大社側で本書の写本が作られたようで、矢野玄道など一部の学者には知られていた。そして明治三十年前後には期せずして、吉田東伍博士の『大日本地名辞書』、飯田武郷氏の『日本書紀通釈』に引用紹介され、ことに栗田寛博士は「住吉神社神代記考証」を著わして本格的な研究に着手した。その後、昭和七年、武田祐吉博士の論文「住吉神社神代記に就いて」（国史学第十三号）によって大いに研究が進み、さらに昭和十一年には原本の原寸大の複製本が宮地直一博士の解説を付して発刊された。

昭和二十六年、当時はまだ占領統治下であったが、古典再興の念を抱いた田中卓博士は本書の研究につとめ、その成果は住吉御文庫講の絶大な協力を得て、『住吉大社神代記』と題して発刊された。これには詳細な考証とともに、本書の写真版がつけられ、初めて書き下し文とその注釈も加えられた。また昭和三十八年刊の『住吉大社史上巻』では、同じく田中博士が前著の訓解を補訂するとともに、新しく校訂本を作成された。なお、本書の刊本としては、先に『神祇全書』に収められた一本があり、その他に『平安遺文』改訂版の付録、および小野田光雄博士の校訂本（神道及び神道史昭和四十七年七月号）がある。

成立年代

さて、本書の成立年代であるが、それについては巻末に、次のように編さんの次第が記されている。

以前、御大神顕座《あれま》す神代記なり。己未年七月朔丙子、大山下右大弁津守連吉祥の注進するところ、去る大宝二年壬寅八月廿七日壬戌を以て定め給う本縁起等を引き勘え、宣旨に依りて具さに勘注し、言上するところ件の如し。謹みて以て解す。

天平三年七月五日　神主従八位下津守宿禰「嶋麻呂」（自署）

遣唐使神主正六位上津守宿禰「客人」（自署）

件の神代記、肆通の中、官に進むる一通、社に納むる一通、氏に納むる一門一通、二門一通。後胤各々秘蔵して妄りに伝え見る可からず。努力《ゆめなおかしそ》。前の如く起請す。

但し客人の家料なり。

「嶋麻呂」（自署）

「客　人」（自署）

そしてこの次に、「後代の験の為に判を請う」として、住吉郡の郡判、摂津職の職判を求めたことが付記されている。

これによると本書は、己未の年、すなわち斉明天皇五年（六五九）七月一日に注進した記事と、大宝二年（七〇二）八月二十七日に定められた本縁起等を引き勘えて、天平三年（七三一）七月五日に、津守宿禰客人と同嶋麻呂によって言上されたもの、ということになる。

またこの『神代記』は四通作成され、一通は神祇官に進め、一通は神社に納め、他は津守氏の一門及び二門にそれぞれ一通ずつ秘蔵されたものらしい。そして今伝わる原本は「客人の家料」であるが、本書は中程の部分（続紙三十六枚の中で第八紙より第十四紙まで）に異筆の切り継ぎがあり、その部分は、恐らく神社か他の一門（嶋麻呂）に納められた一通であろう。

信憑性について

さて、これらの奥書を信ずると、本書は天平三年の原本であって、正倉院文書とならぶ希代の古文書ということになる。しかし、本書の内容には、かつて武田博士が指摘されたような幾つかの難点があり、学界では長らく疑問視されてきた。しかし、それに対して田中博士は前述の『住吉大社神代記』において、さらに多くの疑点を新しく提出するとともに、それらをふくめて、詳細に吟味の結果、疑点はことごとく解明し得るものとして、積極的に本書の天平三年真撰説を主張された。

しかし一方、なお本書を後世の造作とみる説もあり、西宮一民博士は主として仮名遣の点から天暦年間（九四七〜九五六）以降、長保年間（九九九〜一〇〇三）以前の成立とみ、坂本太郎博士は漢風諡号の使用、諡と諱の混用、大和国の和の字、仮名遣、書風などから天平三年の書写とは考えられないとし、その他の疑問を掲げて、平安時代おそらくは元慶三年（八七九）以後の造作であろうと推測されている。

その後、田中博士はさらに検討吟味を重ね、『田中卓著作集』第七巻の『住吉大社神代記の研究』（昭和六十年十二月刊）に収められた論文「再考・住吉大社神代記」の中で、さらに疑点の解明を進めるとともに、現在の住吉大社伝来の写本については〈天平三年原撰・延暦書写〉という新説を提唱されている。その要点は次の通りである。
〔1〕天平三年（七三一）七月五日に、原本（四通）が撰述された。
〔2〕その後、社納の一本が亡失した。理由は未詳だが、天平勝宝五年（七五三）の大洪水のためかもしれない。
〔3〕延暦八年（七八九）、桓武天皇の住吉行幸に際して、神社側では、『住吉大社神代記』を上覧に供するため、改めて本書〈甲本〉を《書写》したが、その底本は社家津守《つもり》氏の「客人家料」本であった。この時に、若干の新しい語句の補筆が加えられた可能性がある。そしてこの際、あるいはその後に、神社側では副本〈乙本〉も用意していたのであろう。
〔4〕この上覧に供する延暦の新写本〈甲本〉が、間違なく天平三年の原本を書写したものであることを証明してもらうため、津守宿祢《すくね》屋主は縁故の誼《よしみ》をもって、住吉郡司の証判をうけ、さらに摂津職の署判をもえて、本書が神社側に返却されたのが、「延暦八年八月廿七日」と思われる。
〔5〕その後、本書〈甲本〉の続紙がはがれ、中間の一部分が失われたので、神社側で別に伝来の延暦写本の副本〈乙本〉をもって補塡した。それが現存の本書であろう。
〔6〕捺印については、もともと甲・乙両本の墨附全面に「住吉神印」が施されていたが、〈甲本〉に〈乙本〉を補った際、紙背継目に「住吉神印」を押し、さらにその後、何らかの事情で、表面に大形の証印が附加せられたのであろう。

このように、住吉大社神代記の成立と流伝には複雑な事情があるが、しかし本書中に奈良時代及びそれ以前の古伝が記されていることは、たとえ造作説をとる学者も積極的に認めており、神社に関する古縁起として、最古の内容を伝える重要な資料であることは動かない。

内容の概略　本書の内容は全篇漢字で書かれているが、国風の漢文にところどころ宣命書をまじえた文体で、住吉大社の鎮座の縁起、流記および神宝・神領などのことを、およそ次の項目に大別して記している。（カッコ内の数字は原本の行数をしめす）

(1)御神殿・神戸・斉垣内の四至・大神の宮・部類の神・子神（六〜三七行）
(2)神財流代長財・御神殿の装束（三八〜六一行）
(3)住吉の大神の顕《うつし》く現《あ》れませる次第（六二〜三八三行）
(4)御封寄さし奉る初（三八四〜三九五行）
(5)山河寄さし奉る本記（三九六〜四四八行）
(6)胆駒神南備《いこまかむなび》山の本記（四四八〜四六一行）
(7)長柄《ながら》の船瀬の本記（四六二〜三六五行）
(8)開口《あぐち》の水門《みなと》の姫・田蓑島姫の神社（四六六〜四六八行）
(9)摂津国豊島郡の城辺《きのへ》山（四六九〜四七七行）
(10)同国河辺の為奈《いな》山（四七八〜四八三行）
(11)為奈河・木津河（四八四〜四九九行）

⑿荷前《のさき》二処・幣帛浜《みてはま》等の本縁（五〇〇〜五〇七行）
⒀神前審神《かむさきさには》の浜（五〇八〜五一二行）
⒁木の小島・辛島・粟島・錦刀島を御厨《みくりや》に寄さし奉る本縁起（五一三〜五一五行）
⒂周芳《すほう》の沙麼《さば》の魚塩《なしお》の地を領す本縁（五一六〜五五二行）
⒃播磨国の賀茂郡、椅鹿《はしか》山の領地・田畠（五五三〜五七一行）
⒄船木等の本記（五七二〜六二一行）
⒅明石郡の魚次《なすき》の浜一処（六二二〜六三三行）
⒆賀胡郡の阿閇《あべ》の津の浜一処（六三四〜六四四行）
⒇八神男・八神女供え奉る本記（六四五〜六五五行）
(21)天の平瓮《ひらか》を奉る本記（六五六〜六六一行）
(22)幣奉る時の御歌の本記（六六一〜六六九行）
(23)大神の顕れませし処并びに御名を注し顕すこと、神代記勘注次第（六六九〜六九九行）

紀・記との関係

このように本書には種々の内容が盛られているが、中には『日本書紀』の文章をほとんどそのまま引用した箇所もある。⑶の大部分（六三〜三一〇行、三三四〜三八〇行）と⒂の全文である。ただし、そのなかに、本書にのみ見られる部分的な補綴の箇所がある。多くは住吉大神または神功皇后を誇称特筆するもので、それぞれ本書の特色を反映していて興味ぶかいが、とくに次の二条は、説話として注意を要する。

(A)　時に天地の中に一の物生れり、状葦牙のごとし。便ち神となる。天御中主尊。一書に曰く、国常立尊。（六八行）

この文中の「天御中主尊。一書に曰く」の八字（原文）は『日本書紀』（本文）には無い。もっとも『日本書紀』第四の一書には「天御中主尊」がみえるが、この場合はむしろ『古事記』と所伝を共通にするもののようである。

(B)　是を泉門塞之大神《よみどにさやりますおほかみ》と謂う、亦の名は道返大神。また追いくる黄泉津醜女・五百神・八雷等に桃子を採りて投げうちたまひしかば、皆還去《にげかえ》りき。仍、末の世に青人草の為に便ち投げて生魂・死魂を滅《しず》むるは此の縁なり。（一二一〜一二四行）

右の「また追いくる黄泉津醜女」以下の三十九字（原文）も『日本書紀』（第六の一書）には見えない。桃の説話の記されているのは『日本書紀』同条第九の一書であるが、それよりもこの条は『古事記』の所伝に近いであろう。

さらに、本書には、新羅国に三宅を定め大神の社を鎮祭したこと（二七九〜二八一行）や恵我の須須己里《すすこり》のこと（六一〇〜六一一行）など、『古事記』の所伝と類似するものがあり、殊に、これまで『古事記』だけにみられた天皇の崩年干支が本書に認められることは重要である。すなわち、崇神天皇の崩年「戊寅」（六一六行）と、垂仁天皇の崩年「辛未」（六二〇行）の二条であるが、前者は『古事記』と一致し、後者は本書独自の所伝といわねばならない。

なお、本書には、日本武尊（一四五行）や神功皇后（一八八行）を「天皇」と尊称している記事があって注意を引く。また神功皇后が出産に際して用いられたという例の鎮懐石（二四〇〜二四三行）についても、『古事記』・『日本書紀』と異って「石二枚」と記し、『万葉集』（八一三番序）や九州風土記の内容に近いことが知られるとともに、「八幡の皇子」に関する本書独自の所伝（二四一〜二四二行）が記されている。

祝詞・風土記との関係　また本書には祝詞や『風土記』の内容と関係があるらしい記事が見られる。例えば、住吉大神に対する祝詞として「遣唐使時奉幣」があるが、これは天皇が遣唐使の派遣に際し、適当な船居《ふなずえ》（港）がないために、播磨国から乗船しようとした時、住吉大神が「船居は吾作らむと教え悟し給」い、遂に作られたということを感謝して幣帛を奉るというのである。これと類似の内容が本書（四六二〜四六五行）に見え、次のごとくである。

　長柄船瀬の本記

　四至（東を限る、高瀬・大庭。南を限る、大江。西を限る、鞆淵。北を限る、川岸）

右の船瀬の泊は、遣唐貢調使の調物を積む船舫《ふね》の泊を造らむ欲《もの》と、天皇の念《おも》行《お》える時に、大神の訓《おし》え賜わく、「我、長柄の船瀬を造りて進《たてまつ》らむ」と造り□なり。

また、祈年祭の祝詞の「座摩」について、本書の「座摩神」の条（六七九〜六八五行）と、たがいに内容を補足し合うことが注意せられる。

次に『風土記』であるが、この場合、本書と最も関係の深い『摂津国風土記』が、多く散逸して伝わらないのが惜しいが、『逸文風土記』と比較しても、内容の類似が指摘せられる。例えば、胆駒《いこま》山の嶺に登り座す時、甘南備山を寄さし奉る。大神、重《また》宣りたまわく、「吾の住居《すま》わむと欲《おも》う地は渟名椋の長岡の玉出の峡ぞ」と。（中略）即《かれ》、大神の住み賜うこと御意の如くなるに因りて、住吉国と名を改め号し、大社を定めたまいき。

という記事（三一一〜三一七行）は、『釈日本紀』所引の『摂津国風土記』の「所㆔以称㆓住吉㆒者」の条とほとんど同一である。

また本書の「神前審神浜」の条（五一〇〜五一二行）は『万葉集註釈』所引の『摂津国風土記』と類似し、本書の「明石郡魚次浜」の条（六二七〜六三〇行）もおそらく『万葉集註釈』所引の『播磨国風土記』（推定）と関係の深い所伝であろう。さらに本書に、武庫国の語源を「御子代国」（四八三行）とし、また播磨国賀胡郡の地名起源についても『播磨国風土記』と異る説を伝えていることが注意せられる。

本書独自の所伝

さて、このように本書には、『日本書紀』や『古事記』、祝詞や『風土記』と関係の深い説話が多く見られるが、とりわけ注意されることは、本書独自の説話である。むしろ本書の大部分は他に類をみない独得の説話であり、しかもそれがすべて住吉大神または住吉神社と関係の深い内容であるから、本来ならば、それを詳しく紹介すべきであるが、とても紙数が許さないので、ここでは説話研究の上でとくに注意せられる二、三の所伝を紹介することにしよう。

或記に曰わく、住吉大神と広田大神と交親を成したまう。故、御風俗《みくにぶり》の和歌《こたえうた》ありて灼然《いやちこ》なり。

「墨江に伊賀太《いかだ》浮へて渡り末世《ませ》、住吉が夫古《せこ》。」是れ、即ち広田社の御祭の時の神宴歌なり。（三八一〜三八三行）

この広田社の神宴歌というものは、他に例を見ない珍らしい記事である。

農耕・治水の神

神児等、鼓谷より雷の鳴り出ずる如く集いて、墾田原・小山田・宇智の墾田を開墾佃《はりひら》く。羽白熊鷲を誅伏《ことむけ》て得たる地を熊取と云い、日晩れ御宿賜いし地を日《ひ》寝《ね》と云い、横なわれる中山あるに依りて故に横山と云い、横なわれる嶺ある故に横嶺と云う。嶺の東の方頭《かた》に杖立二処あり、石川錦織許呂志・忍海刀自等、水別を争い論らう。故、俗に杖立と謂いて論義と為す。亦、西国見丘あり、東国見丘あり、皆大神、天皇に誨ゑ賜いて、塩筒老人に登りて国見せしめ賜いし岳なり。亦、横岑の冷水の潔清く溢漲《みちあふ》れる地あり、吉野萱野沼・智原萱野沼という。此の水を食聞すに甚滄《いとさむ》く清き水なり。仍りて御田に引漑がむと欲し、針魚をして溝谷《うなで》を掘り作らしめむと思召す。大石小石を針魚、掘返して水を流し出でしむ。亦、天野水あり、同じく掘り流す。水の流れ合う地を川合と云う。此れ山界の地なり。大神誓約《うけ》いて詔宣わく、「我が溝の水を以て引漑がしめ、我が田に潤《つ》けて其の稲実を獲得ること石川の河の沙瀝石《すないし》の如く、其の穎《ほ》を得て春秋の相嘗祭の料に充てなむ。天の下の君民の作る佃にも同じく引漑がしめ、其の田の実も我が田の実と同じきが如く、谷谷にある水を源より颯颯《さつさつ》として全国に決下《さだめくだ》らしめむ」と誓約い賜い、高向堤に樋を通わして流し灌《そそ》ぐ。（四二一〜四三五行）

ここには石川錦織許呂志《にしごりのころし》と忍海刀自《おしうみのとじ》との水争いや、灌漑用水をめぐる住吉大神の神徳などが特筆されている。またこの記事の前後には、さらに「たちばなの男神女神」という地名や、「土樋《つちひ》」の作り方、八咫烏子が鳴いて四至の限りを差し示す話など、興味ぶかい説話が多い。一般に住吉大神といえば海の神として有名であるが、ここに見られるように、農耕・治水の神としても古来特筆されていたことは注意されるべきであろう。このことは、同じ、『神代記』の(6)胆駒神南備山の本記、(9)摂津国豊島郡の城辺山、(10)同国河辺郡の為奈山、(16)播磨国の賀茂郡、椅鹿山の領地・田畠などにもうかがうことができる。

大八嶋国の天の下に日神を出し奉るは、船木の遠祖、大田田神なり。此の神の造作れる船二艘（一艘は木作り、一艘は石作り）を以て、後代の験の為に、胆駒山の長屋墓に石船を、白木坂の三枝墓に木船を納め置く。唐国に大神の通い渡り賜う時、乎理波足尼《おりはのすくね》命この山の坂木を以て、迹驚岡《とどろきのおか》の神を岡に降し坐して斎祀る。時に恩智神、参り坐在す。仍、毎年の春秋に墨江に通い参ります。之に因り、猿の往来絶えざるは、此れ其の験なり。（母木里と高安国との堺に諍石在置り。大神、此の山に久く誓《かた》い賜いて、「草焼く火あり、木は朽ちるとも、石は久遠《とわ》に期《ちぎ》らむ」とのたまいき。）（四五五〜四六一行）

これは、胆駒神南備山の本記の一節であるが、船木氏の遠祖の大田田神が「大八嶋国の天の下に日神を出し奉る」というのも珍らしい所伝であり、長屋王や三枝王の墓の記事、諍石《いさめのいし》の話なども面白い。

ことに説話としてまとまり、まるで『風土記』を見る思いのするのは、住吉大神の嫡妻為奈河の女神が、妾であった武庫川の女神を嫉妬して争う、次の記事である。

為奈河と武庫川の女神

河の辺に昔、山直阿我奈賀《あがなが》居りき。因、阿我奈賀川と号く。今、為奈《いな》川と謂うは訛《よこなま》れるなり。大神、霊男神人に現われ賜い、宮城造作るべき料の材木を流し運ばんと為行《おこな》事わしめ賜う。時にこの川に居る女神、妻に成らむと欲う。亦西方近くにある武庫《むこ》川に居る女神も、また同じ思を欲き、両女神、寵愛之情《かなしみのかぎり》をなす。而して為奈川の女神、嫡妻の心を懐きて嫉妬を発し、大石を取りて武庫川の妾神に擲打ち、并にその川の芹草を引取る。故、為奈川に大石なくして芹草生え、武庫川には大石ありて芹《せり》草なし。両河一つに流れ合いて海に注ぐ。神威に依りて、為奈川今に不浄物を入れず。木津川等を領掌《しろしめ》すは此の縁なり。(四九〇〜四九九行)

また、(17)船木等の本記の文章は、ことに古色豊かな系譜をふくみ、古代氏族の研究上、逸することのできない貴重な史料である。

九万八千町の神領

さらに本書の(16)播磨国の賀茂郡、椅鹿山の領地・田畠の条には、住吉神領として、椅鹿山を中心として「所領九万八千余町」という広大な四至(五五三〜五七〇行)が記されており、これは一見、信じがたいように思われる。事実、平安時代末期より、播磨国の清水寺と住吉大社の神人との間で、この所領をめぐってしばしば論争が行われている。しかし、この地理の計算も、じつは正しいのである。『神代記』によると、神領の四至は東を限る、阿知万西峯、心坂、油位、比介坂、阿井大路、布久呂布山

南を限る、奈波、加佐、小童寺、五山大道、布久呂布山登跡
西を限る、猪子坂、牛屋坂、辛国太乎利、須須保利道、多可、木庭、乎布埼
北を限る、阿知万西岑、堀越、栗造、滝河、栗作、子奈位

とあり、「右の杣山地等は、元、船木連宇麻〔呂〕・鼠緒・弓手等の遠祖、大田田命の児、神田田命等が所領九万八千余町なり」と見え、これが神功皇后の御世に住吉大神に寄進され、それ以来、この杣山が住吉大社の造宮料とされてきた、と伝えている。

　これについて、清水寺側の言い分は、天治二年（一一二五）の頃、住吉の神人が神領九万八千町と主張するのにたいして、いったい、広さ一四〇町、長さ七〇〇町で面積が九万八千町になる、そこでもし七〇〇町ということだと、南は播磨から北は丹波を過ぎ、はるかに丹後の国にまで至るであろう。ところが今、住吉神人が問題としている三種山（椅鹿山、今の加東郡東条町にあり）は東西南北を計っても一〇〇町余りではないか、その面積がどうして九万八千町もありえようか、もしくは播磨・丹波・丹後の三か国を経て七〇〇町に及ぶ面積を領するとでもいうのか、と反論している。（承久三年閏十月の文書）これは面白い論議である。そこで実際に現在の地理をあてはめてみると、

東――兵庫県多紀郡丹南町味間・不来坂・油井より三田市日出坂・藍を経て保久良神社のある六甲山の線。
南――奈波は未詳であるが、三木市の加佐、金剛童子山から六甲山にいたる線。
西――猪子坂は未詳であるが、神崎郡市川町の牛尾、住吉酒見社のある加西市北条町を経て姫

路市木場にいたる線。
北――多紀郡丹南町の味間から倭名抄の氷上郡栗作郷（今の山南町か）を経て多可郡黒田庄町

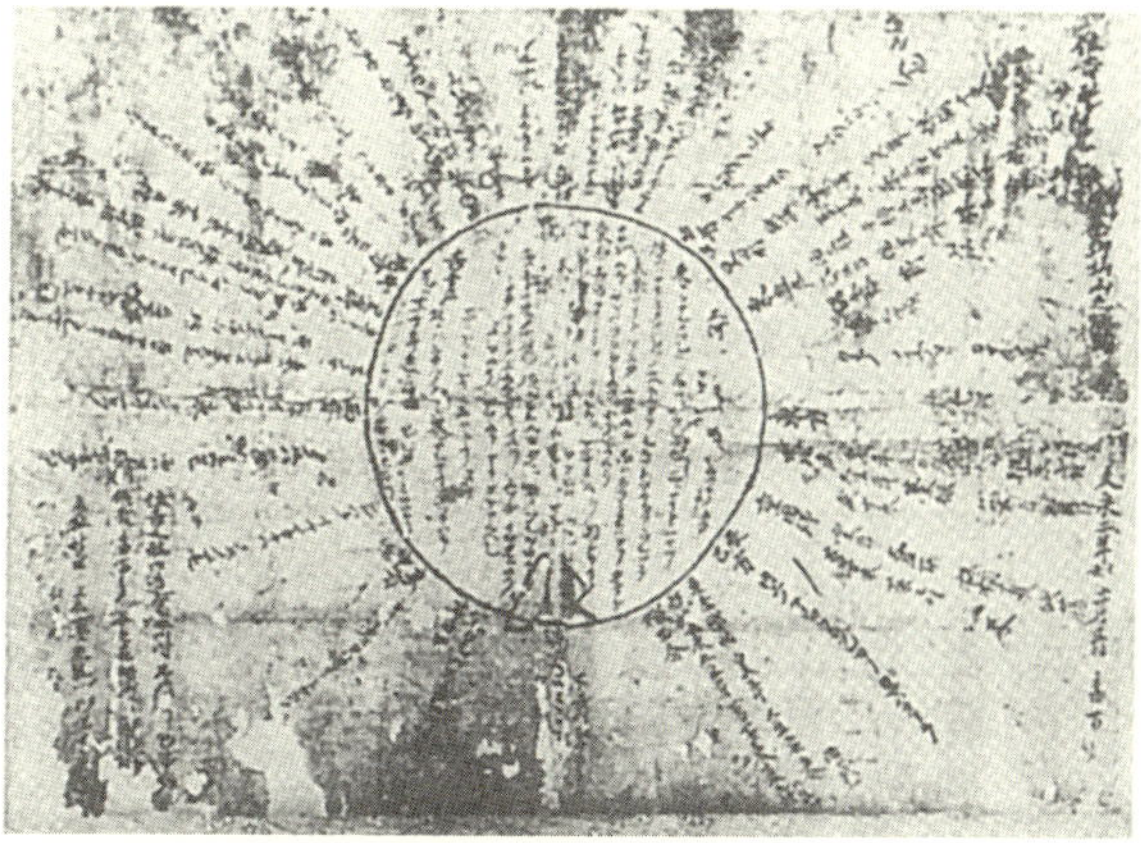
九万八千条御杣之塚頭（大川瀬住吉神社蔵）

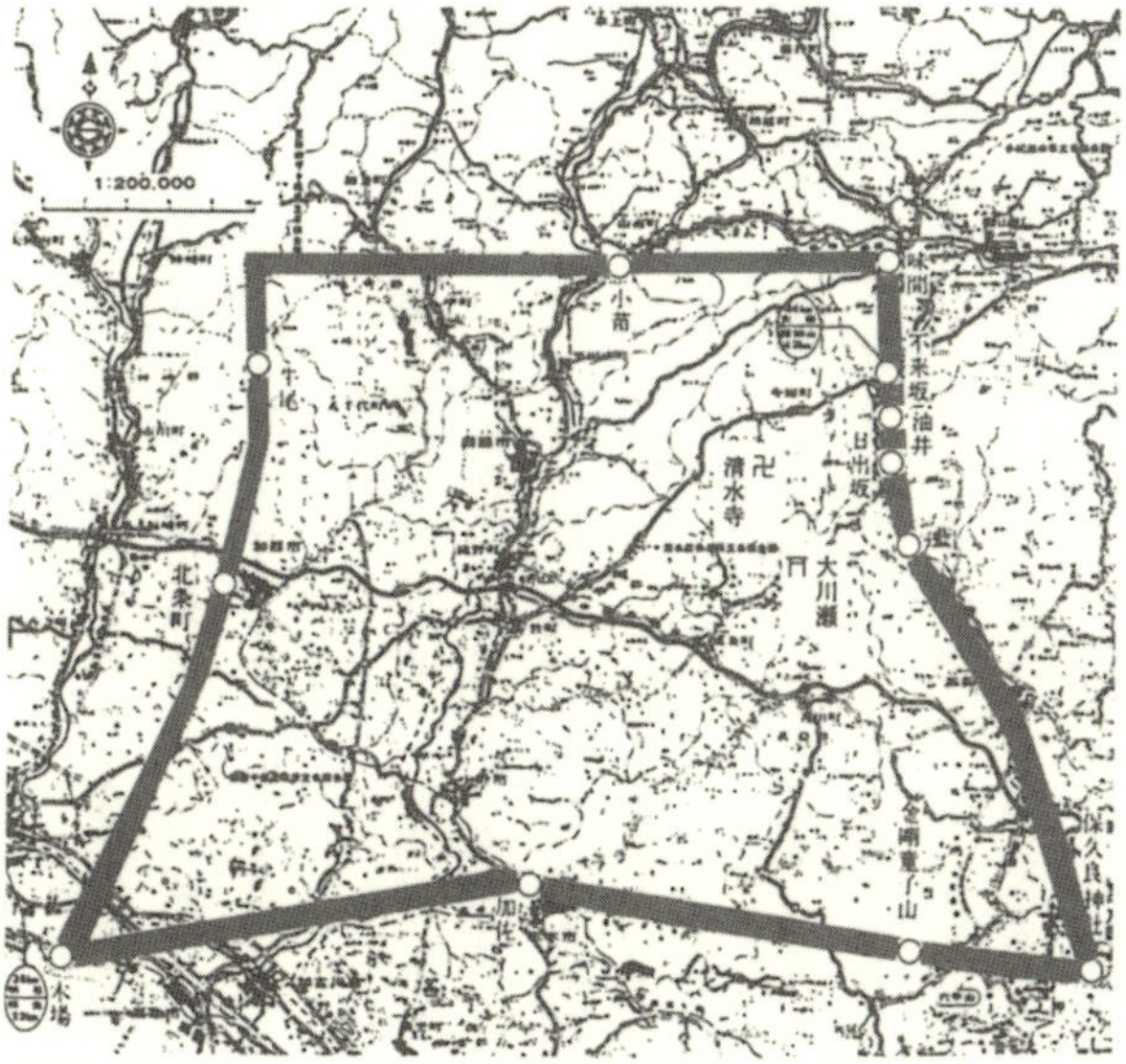

九万八千余町の四至図

小苗にいたる線。

となる。この推定は従来、まったく不明であったのを、先年、田中卓博士が兵庫県三田市大川瀬で発見された「住吉神領九万八千条御杣山之塚頭」（文永二年の作、その後、足利義詮の花押を加える）を参考にして、論証されたものである。

不思議な一致　そこで、この四至を地図で計算すると、東西は上底約三〇キロ、下底約四八キロで平均は約三九キロ、南北は約三〇キロとなる。奈良時代の一里は三〇〇歩で約五四五・四メートル。また面積は三六〇歩で一段、一〇段で一町。それを元にして計算すると、上のようになる。

1里＝300歩＝約545.4ｍ
　　1歩＝約1.82ｍ
東西……39㎞÷1.82ｍ≒21,429（歩）
南北……30㎞÷1.82ｍ≒16,484（歩）
〔面積〕 21,429（歩）×16,484（歩）＝353,235,636（歩）
　1町＝10段　　1段＝360歩
　353,235,636歩÷（360歩×10）≒98,121（町）

すなわち、正しく「九万八千余町」となり、むしろ不思議な感にたえない位である。そして、大昔の住吉大社が、このような莫大な神領を所有していたとすると、これは、古代史上の神社を考える上でも深く注意すべきことと思われる。つまり、これは後の〝神郡〟にあたるもので、大化前後における伊勢の神宮が所有した広大な神郡の例をみれば、住吉大社の場合も、さして驚くにあたらない。

六　住吉津と遣唐使

海の神をまつる住吉大社の関係で、住吉津はむかしから航海の発着地として有名である。

墨江の津

早い史料としては『古事記』の仁徳天皇の段に、「墨江の津を定めたまいき」と見えている。本居宣長は、先に言及したように『日本書紀』の神功皇后の巻にみえる大津の渟中倉の長峡を摂津国の菟原郡に当てているので、現在の住吉郡に住吉大社が祭られるようになったのを、この『古事記』の記事によって仁徳天皇の御代のことと考えている。しかし、すでに第四章で述べたように、それは宣長の誤解であるから、『古事記』の仁徳天皇の御代に墨江の津が定められたということは、住吉大社の創祀とは関係なく、港が整備されたということを意味するものと思われる。

その後、『日本書紀』雄略天皇十四年正月の条に、「身狭村主青等、呉国の使と共に、呉の献れる手末《たなすえ》の才伎、漢織・呉織及び衣縫の兄媛・弟媛等を将て、住吉津に泊る」と見えており、異国よりの来朝者を住吉津に迎えたことが、記されている。住吉津は、いわば大陸文化を輸入する門戸であった。

それは、いうまでもなく、住吉大神の鎮座と深い関係がある。住吉大神は、もともと海の神であり、また住吉大社がこの地に鎮座された由来も、「往来《ゆきかよ》う船をみそなわさむ」との御神託に基づくものであって、古来、海路の平安を守り給う神として深く信仰せられてきた。

そのため、遣唐使の発遣に当って、かならず住吉大神に奉幣祈願がなされたのである。その祈願の際の祝詞は、延喜式巻八に見えている。

遣唐使発遣の祝詞

皇御孫《すめみま》の御命《おおみこと》をもちて、住吉に称辞竟《たたえごとお》えまつる皇神等の前に申したまわく、大唐に使遣わさむとするに、船居《ふなすえ》無きによりて、播磨の国より船乗りして、使は遣わさんと念ほしめす間に、皇神の命もちて、船居は吾作らむと教え悟したまいき。教え悟したまいながら、船居作りたまえれば、悦こび嘉《うれ》しみ、礼代《いやじろ》の幣帛を、官位姓名に捧げ賷《も》たしめて、進奉《たてまつ》らくと申す。

内容は、このたび、天皇さまが唐国に使を遣わそうとされるに当って、適当な港がないために、やむなく、播磨国から乗船して派遣しようと考えられていたが、住吉大神の仰せによって、立派な港を作っていただいたので、天皇さまが喜ばしさのお礼として、幣帛を捧げてお祭をする、という意味である。

播磨国から乗船するというのは、どこの港であるのか、その位置は明らかでないが、おそらく揖保郡室原泊をさすのではないかと思われる。いずれにしても、大阪湾に良港がなく困っている時に、住吉大神によって港が作られたというのであるから、これを『古事記』仁徳天皇の段の墨江の津を定められた記事と考え合わせて、この船居《ふなすえ》の場所を住吉津と考えるのが、これまでの通説である。

しかし、それは正しくない。というのは、『住吉大社神代記』の(7)長柄の船瀬の本記によると、つぎのように見えている。

長柄《ながら》の船瀬《ふなせ》

四至（東を限る、高瀬・大庭。南を限る、大江。西を限る、鞆淵。北を限る川岸。）

右の船瀬泊《とまり》は、遣唐貢調使の調物を積む船舫《ふね》の泊を造らむ欲《もの》と、天皇の念行《おもほ》える時に、大神の訓え賜わく、「我、長柄船瀬を造りて進らむ」と造り□なり。（四六二～五行）

これによると、天皇が遣唐貢調使の船の泊を造ろうとされた時に、住吉大神が教え示されて、長柄の船瀬の泊を造って進《たてまつ》られたというのである。

主旨は、さきの祝詞と同一であって、同じ内容を伝えたものと考えられる。とすると、住吉大神の訓《おし》え造られたという港は、住吉津ではなくして、長柄船瀬にあったとしなければならない。

長柄船瀬は、四至に示されているとおり、東は、河内国茨田郡高瀬郷及び大庭庄のあたり、南は、大江、すなわち上町台地の北にそそぐ河内川、西は、鞆淵、即ち東生郡の友淵、北は、川岸、即ち西生郡の長柄川（一名、中津川）の岸、と推定される。（九一頁地図参照）

すなわち、現在の淀川の河口いったいに渡る巨浸地帯であるが、ここに住吉大神が、遣唐貢朝使の調物を船に積む泊を造られた、というのである。

そこで、あらためて祝詞の内容を吟味すると、祝詞には、船居《ふなすえ》のつくられた所在について、何らの記載も見えない。したがって、もとはおそらく祝詞も『住吉大社神代記』と同様な意味で伝えられてきたのであろうが、その後、実際の発遣場所が淀川河口から南に移動して、住吉津に移ったため、祝詞は船居の場所を明示せず、あいまいな表現にとどまっているのではあるまいか。

遣唐使と住吉大神

奈良時代においては、天平五年の遣唐使は、奈良から難波に下り、住吉の津から船に乗り出発したことが、次の『万葉集』に載せられた長歌によって知られる。

天平五年、入唐使に贈る歌一首 幷せて短歌 作り主未だ詳らかならず
そらみつ　大和の国　あおによし　奈良の都ゆ　おし照る　難波に下り　住吉の　三津に船乗り　直渡り　日の入る国に　遣わさる　わが背の君を　かけまくの　ゆゆし畏き　住吉のわが大御神　船の舳《へ》に　領《うしわ》きいまし　船艫《ども》に　御立たしまして　さし寄らむ　磯の崎崎　漕ぎ泊《は》てむ　泊泊に　荒き風　波にあはせず　平けく　率《い》て帰りませ　本の国家《みかど》に

反歌一首
沖つ波　辺波な越しそ　君が船　遭ぎ帰り来て　津に泊つるまで（四二四五〜六番）

ただし、この際の遣唐使の進発した場所について、『続日本紀』天平五年四月己亥の条をみると、「遣唐の四船、難波の津より進発す」とあり、また、『万葉集』の笠朝臣金村入唐使に贈る歌（一四五三番）のなかに、「難波潟　三津の埼より　大船に　真梶繁貫《しじぬ》き」と歌われ、また、巻九に「天平五年癸酉、遣唐使の船、難波を発ちて海に入る時、親母の子に贈る歌一首」（一七

九〇番）と見えているから、果して住吉津なのか、難波津なのか、また両者が同じ場所を意味するのか、なお問題が残っている。

いずれにしても、航海の安全を守る神として住吉大神に祈願をこめ、そしてさらに、住吉大神を遣唐使の第一船の舳先の社殿に祭って進発したものと思われる。それは、前述の『万葉集』に「住吉のわが大御神、船の舳《へ》に領《うしわ》きいまし」とあり、また類歌として「住吉のあら人神、船の舳に領きたまい」（一〇二一番）と歌われているほか、円仁の『入唐求法巡礼行記』に「軸頭神殿」と見えることによって、察せられる。そして朝廷において、住吉大神の御神徳を高く仰がれていたことは、『日本後紀』の大同元年四月丁巳の条に、「摂津国住吉郡住吉大神に従一位を授け奉る。遣唐使の祈りを以てなり」とみえることによっても、明らかである。

外交に活躍した津守氏

また、住吉大神に仕える社家は津守氏であるが、大山下津守連吉祥が斉明天皇五年（六五九）七月戊寅（三日）に唐に派遣されていることが『日本書紀』にみえ、その旅行記は伊吉連博徳書に詳しい。『住吉大社神代記』の最初の史料は、この津守連吉祥が出発の直前、七月一日に注進するところをもとにしている。ただし、津守連吉祥が、住吉大社の神主であったかどうかは、明らかでない。

それに対して、天平三年七月五日、『住吉大社神代記』を作成した津守宿禰客人は、はっきりと「遣唐使神主」の肩書で署名している。

また、津守氏古系図によると、第十五代の正八位下津守宿禰池吉には「平城宮天皇御世、遣唐神主」とみえ、また、第十六代の従八位上津守宿禰男足には「奉仕奈良朝廷女帝御世、渤海神主、不レ還レ来」、また、第十八代の従六位上津守宿禰国麿には「柏原天皇御世、讃岐国大目兼遣唐神主、再当社神主」などという記載がみえ、津守氏が奈良時代から平安時代初期にかけて、唐あるいは渤海へ赴く使の船に同行したことが明らかである。

大阪湾を支配した津守氏

なお、津守氏古系図によれば、津守氏は、手搓足尼《たもみのすくね》（田裳見宿禰）より出ずとしており、いまの住吉の地に大神を奉祭し、それより船泊を掌り、初めて津守の姓を賜わったという。おそらく、いまの大阪湾全体を支配したのであろう。

そのことを考える上で注意すべきことは、『住吉大社神代記』の、

六月御解除。開口水門姫神社。（和泉監にあり）

四至（東を限る、大路。南を限る、神崎。西を限る、海棹《うみさお》の及ぶ限。北を限る、堺の大路。）

九月解除。田蓑嶋姫神社。（西成郡にあり）

という記事（四六六〜八行）である。

これによると、六月と九月の両度に、禊祓の行事が行われたわけであるが、開口水門姫神社は、延喜式にみえる和泉国大鳥郡の「開口神社」に当り、田蓑嶋姫神社は、摂津国西成郡の田蓑嶋にある神社で、いま西淀川区佃《つくだ》町に、田蓑神社がある。すなわち、住吉大社は、北は摂津国西成郡から、南は和泉国大鳥郡に至るすべての海域を支配しており、その北端と南端において、禊祓の行事が取り行われていたのであろう。

これは、後に住吉大社で行われている「北祭」と「南祭」の起りである。ただし、後の北祭は、いまの大阪港の築港、南祭は堺の頓宮とされていたから、天平の昔にくらべれば、南北の範囲が大きくせばめられたわけである。

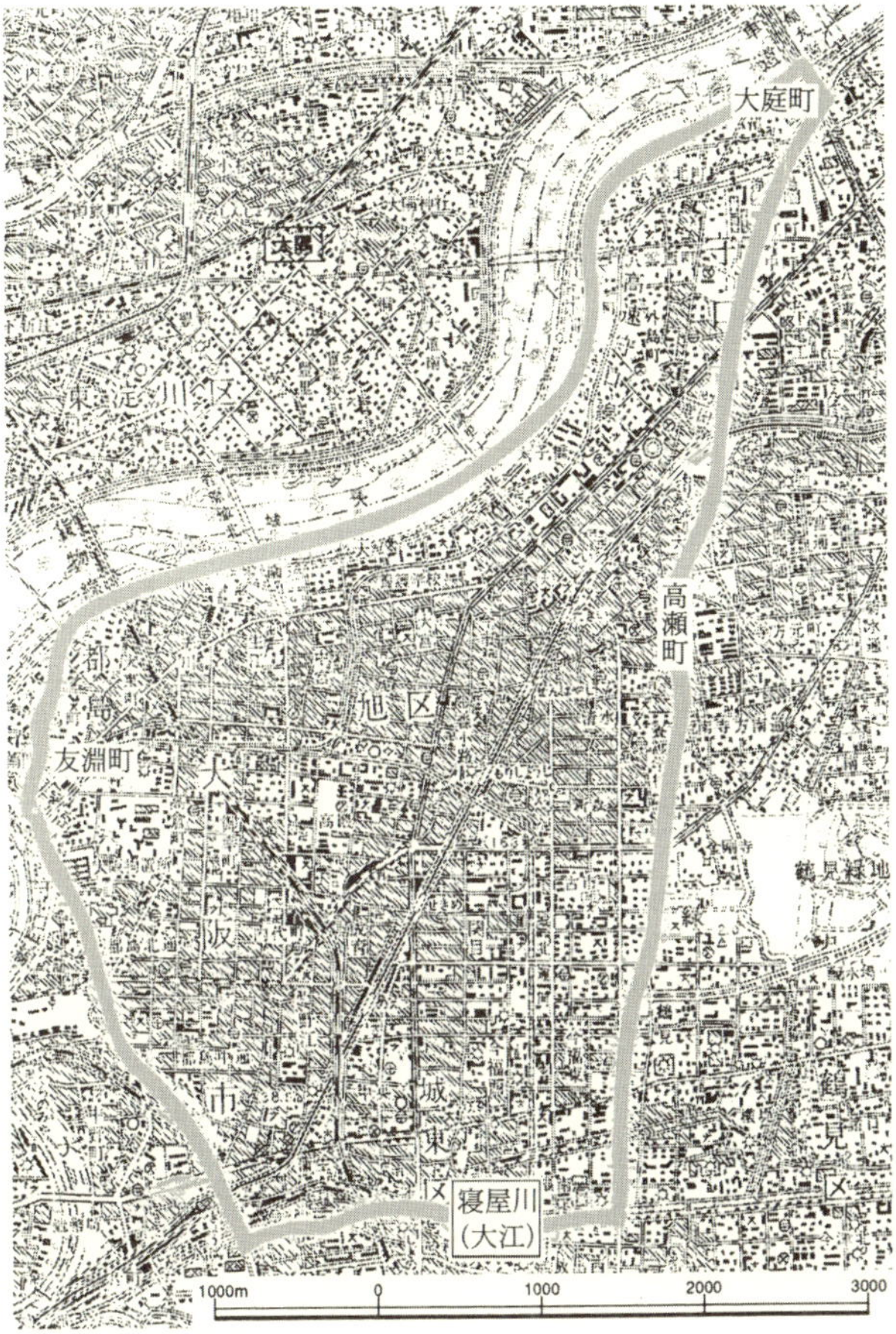

七　禊祓と八十嶋祭

禊祓の風習

住吉大神は『日本書紀』や『古事記』の神代の巻に伝えられているように、イザナギノ命が黄泉の国の汚れを受け、それを清めるために筑紫の日向の橘の小戸の檍原で、海に入って禊祓《みそぎはらい》せられた時に生れた神、と伝えられている。すでに述べたように、ツツノヲノ命の根拠地は、北九州、さらに限定していえば、対馬の南端豆酘《つつ》にあると考えられるが、北九州方面においては、汚れを払うために水中に入って身を清めることが、古くから行われていたらしい。『魏志』倭人伝をみると、つぎのように記されている。

其の死には棺有るも槨無く、土を封じて家を作る。始め死するや停喪十余日、時に当りて肉を食わず、喪主哭泣し、他人就いて歌舞飲酒す。已に葬れば、挙家水中に詣りて澡浴し、以つて練沐の如くす。

すなわち三世紀の頃において、少くとも北九州の日本人は、死者を葬った後、一家を挙げて水に入って禊祓《みそぎはらい》をしたことが知られるのである。『魏志』倭人伝には記されていないけれども、おそらくその際、人々は海の神を祭って禊祓をしたことであろう。

″みそぎ″と″はらい″

もっとも、今ここに″みそぎはらい″との一連の言葉で記してきたが、厳密にいえば、住吉大神の場合は″みそぎ″であって″はらい″はともなっていないように思われる。″はらい″には別に祓所《はらえど》(戸)の大神がましますからである。禊《みそぎ》と祓《はらい》との関係は、学者の間にも色々の説があって、解明は困難であるが、元来、禊《みそぎ》は身についた汚れを水によって殺《そ》ぎとる意味と思われ、祓《はらい》は神に祈って罪や汚れや災厄を払うことであろうから、結果的には同じようなことであるけれども、本来は、別の神事であったのではあるまいか。あるいは禊は九州を中心とし、それより東進してきた海族たちの儀礼であり、祓は畿内を中心とするオオナムチ神系氏族の作法であって、それが次第に、習合し同化していったのではないか、とも考えられる。

神功皇后の″みそぎ″

いずれにしても住吉大神が禊祓の中心的な神として、古来仰がれて来たことは有名である。また神功皇后がご自身″みそぎ″をせられたと思えることは、つぎの『日本書紀』の記事によっても察せられる。

〔神功皇后摂政前紀四月〕既にして皇后、則ち神の教の験《しるし》有ることを識《しろ》しめして、更に神祇を祭《いの》り祀《まつ》りて、躬ら西を征ちたまわむと欲す。……(中略)……皇后、橿日浦に還り詣りて、髪を解きて海に臨みて曰わく、「吾、神祇の教を被《う》け、皇祖の霊を頼りて、滄海を浮渉《わた》りて躬ら西を征たむとす。是を以て、頭を海水に滌《すす》がしむ。若し験有らば、髪自ずから分れて、両《ふたつ》に為《な》れ」とのたまう。即ち海に入れて洗ぎたまうに、髪自ずからに分れぬ。皇后、便ち髪を結分《あ》げたまいて、髻《みずら》にしたもう。

神功皇后が〝頭を海水に滌《すす》ぎ〟〝海に入りて洗〟われたというのであるから、これこそ日本側史料における〝みそぎ〟の先蹤であろう。

八十嶋祭

〝みそぎ〟と関連して注目されるのは、八十嶋祭である。八十嶋祭というのは、むかし天皇が即位せられて後、大嘗祭の前後に難波の海浜において行われた祭儀であって、一代一度の重要な大祭である。初めて文献にみえるのは『文徳天皇実録』の嘉祥三年（八五〇）九月壬午（八日）のことである。

宮主正六位下占部雄貞、神琴師正六位上菅生朝臣末継、典侍正五位下藤原朝臣泉子、御巫無位榎本連浄子等を遣わして、摂津国に向い、八十嶋を祭らしむ。

これによれば、宮主・神琴師・典侍・御巫などが摂津国に赴いて、八十嶋を祭ったというのであるが、それが何を目的とし、どういう意義をもつものであるかは記されていない。この祭りは、その後、五十八代の光孝天皇より八十六代の後堀河天皇まで、前後約四百年近くの間ほぼ継続して行われ、八十七代の四条天皇の御代に発遣を停止せしめられてより中絶したようである。その間、清和・陽成・宇多・円融・花山・一条・後冷泉・白河・安徳・仲恭の各天皇の場合は記録がみえないが、当時の状況より推して、その中には実際行われているにもかかわらず、後に伝えられなかった場合もあろうと思われる。

開始の時期

しかし、文徳天皇以前に八十嶋祭の行われた記事はまったくみえないので、それ以前から行われていたか、それともこの頃にはじめられたかということは、はっきりしない。ただ後に説くように、八十嶋祭と大嘗祭が密接な関係にあり、天皇が名実ともに統治者としての地位につかれるための重大な儀式であるとするならば、大嘗祭の記事が天武天皇以後の歴代にわたって『日本書紀』・『続日本紀』をはじめ六国史にもれなく記されているのに対して、同様に重大な儀式であるはずの八十嶋祭が、文徳天皇以前まったく史上にあらわれないということは、むしろ不思議な感じがする。またこれも後に説くように、八十嶋祭には住吉大神が深く関係していると思われるのに、『住吉大社神代記』にそのことが少しもあらわれていないのは、この祭儀が、少なくとも本書の成立した（天平三年原撰・延暦書写）以前にはさかのぼりえないのではないか、という疑いをもたせる。

発遣の次第

いずれにしても前後四百年にわたって継続された八十嶋祭であるが、その発遣の次第について、『江家次第』を参照すると、まず神祇官において祭日を卜定――後には陰陽寮が勘定――し、一方、八十嶋使の人々が任命される。その祭使の構成を、文献に初見の嘉祥三年度と『延喜式』（臨時祭式）と『江家次第』によって対比すると、およそ次頁の表のごとくである。

この表において、『延喜式』には宮主・典侍の見えないのは、おそらく当然のこととして省略したためであろうが、『江家次第』に御巫・生島巫の記されていないのは、この頃になると、それらは共に下向していなかったのではないかと思われ、実例をみても、後一条天皇・後朱雀天皇の両度以後は御巫の名が見えていない。それによって、少くともこの頃には御巫・生島巫の参加する意義が軽くみなされていたらしいことを推察してもよいであろう。しかし、神琴師（御琴弾）は三時期いずれにおいても選任せられている。したがって、この神琴を弾くことが各時代を通じて八十嶋祭の重要な儀式であったことがうかがわれる。

嘉祥三年	延喜式	江家次第
宮主　1		宮主　1
神琴師　1	御琴弾　1	御琴弾　1
典侍　1		典侍　1
御巫　1	御巫　1	
その他		
	生島巫　1	
	史　1	神祇史　1
	神部　2	神部　4
	内侍　1	
	内蔵属　1	内蔵官人允以下　1
	舎人　2	小舎人　3
		諸司三分　1
		栄爵　2・3
		六位蔵人　1

やがて進発であるが、『江家次第』によれば、それより前、官符を山城国に下して船（五艘）を用意するとともに、また摂津国をして祭場を準備せしめる。そしていよいよ祭使を派遣する当日、宮主が宮中にまいって御麻を献じ、主上はこれに対して「一撫一息」の後、返させ給い、また内蔵官人が参入して女官から御衣の筥をいただいて八足の案《あん》に納める。これを奉じて一行は盛装を凝《こ》らして進発し、淀より乗船して難波に向かうのである。

難波の祭場は、元来、熊河尻であったらしいが、後朱雀天皇の長暦元年度には住吉代家浜に移されたこと『平記』に見え、この後は何れに定められたのか明らかでない。また、熊河尻・住吉代家浜についても、いまその地を明確にすることは出来ない。

祭式の次第　さて、その祭式次第を『江家次第』によってみると、つぎのとおりである。

(1)　宮主檀を造り（国司之を作る）祭物を置く。

(2) 女官・内蔵寮の官人等、御衣の案《あん》を以って宮主の前に立つ。
(3) 典侍車並びに出車等、宮主の座の東に列立し、（西面、北上）件の座東に平張りを立て、神祇官並びに中宮・東宮・内蔵等の属以下の座を敷くべき歟。
(4) 神祇官、御琴を弾ず。
(5) 女官、御衣の筥を抜きて之を振る。
(6) 次に中宮の御料。
(7) 次に東宮（一本に斎宮）の御料。
(8) 宮主、膝突を著け（西面）御麻を捧げ、禊を修す。
(9) 禊了りて祭物を以って海に投ぐ。
(10) 次に帰京。

すなわち、祭式の中心は、神祇官が御琴を弾く間に女官が主上の御衣の筥を抜いて振り——中宮・東宮（斎宮）の御料もこれに準ずる——、さらに宮主が禊を修するということ（(4)—(8)）であって、禊が終れば祭物を海に流し、帰京の途につくのである。帰京の後、典侍が参内して主上の御衣を返上し、併せて御祭の平安に奉仕せられた由を言上する例であった。

なお、八十嶋祭に際しての幣帛については、『延喜式』に詳しく掲げられているが、これをみると、天皇（中宮もこれに準ず）の場合と東宮のそれとでは、品目はほとんど同じであって、数量が東宮の場合に減少されているにすぎない。

ついで『延喜式』は、同じく神祭に預りたまう神として、

祭に預る神と人

住吉神　　四座
大依羅神　四座
海神　　　二座
垂水神　　二座
住道神　　二座

の五神をあげ、それぞれ座別の幣帛として、次の品目を掲げている。

五色帛　各五尺
絹　　　五尺
絲　　　一絇
綿　　　一屯
倭文　　一尺
褁料布　三尺

そして奉仕者の料としては、

住吉社神主料　　絹一疋
〃祝　　　　　　布三端

大依羅社祝　布三端
垂水社祝　布二端
海神社祝　布一端
住道祝　布一端
御巫　絹二疋・布二端
生嶋巫　絹二疋・布二端
担夫十人

と記されている。

以上によって、八十嶋祭の祭儀に関係する神人は、これを大別すると、

(甲)　宮中より差遣せられて奉仕するもの……宮主・御巫・生嶋巫・神琴師

(乙)　その他の現地にあって奉仕するもの……住吉社の神主と祝、大依羅社祝・垂水社祝・海神社祝・住道社祝

という二種類に分たれることが明らかとなるが、それと同時に、これら以外のいずれの神人も、八十嶋祭には関与していない、という事実に注意しておく必要がある。

祭神についての諸説

さて、この八十嶋祭において、その意義を考える上で、もっとも大切なことは、いったいこれはいかなる神を祭るのであるかという、祭神の問題である。この点については、すでに古くより種々の学説を見るのであるが、大別すると、つぎのとおりである。

㈠　主神を住吉大神以下の同系神とする説
㈡　主神を生島・足島神とする説
㈢　主神を祓戸四柱の大神とし、副神を住吉大神以下の同系神とする説
㈣　主神を八十嶋神＝伊弉諾尊・伊弉冊尊と住吉大神とする説
㈤　主神を住吉系神と生島・足島神の両者とする説

そして、㈠・㈢・㈣は、概して禊祓を重視するのに対して、㈡・㈤は、国土の生成・発展を祈請するという点を力説し、禊祓の式が本儀とせられたのは後の変遷によるものと推論する。

八十嶋祭と大嘗祭

さて、八十嶋祭の意義であるが、この祭は「大嘗会の次年に之を行う」と説く『江家次第』の記事だけでなく、実例で考えても、八十嶋祭が大嘗祭と密接な関係にある祭儀であることは疑いない。そして従来の諸説、いずれも大嘗祭との関連において自説を展開させているのである。すなわち、この祭儀を禊祓と考える説は、天皇が即位されて、まさに国政をみそなわそうとされるに際して、大嘗祭の前、あるいは後に、あらためて難波の海に使を遣わして、厳重に玉体を禊祓あらせられる儀式、と考えるのである。また国土恢弘の祈請とみる説は、天皇が統治の大任につかれる際に、八十嶋の神霊を祭って、国土の生成とその安泰を祈請される儀式と解するのである。またこれを一種の鎮魂儀礼とみる説は、天皇治政の初めに当って、玉体に大八洲の霊を附着させて、すべての国土の支配者としての資格を呪術的に保証しようとする儀礼、と考えるのである。

禊祓の儀式

そこで、改めて祭式次第を、『延喜式』・『江家次第』などによって考えてみるに、すでに述べたように、祭使を派遣される当日、宮主が宮中に参って、御麻を献じ、天皇はこれに対して「一撫一息」、すなわちこれを一度御手をもって撫でられ、一度息を吹きつけられる儀式、つまり、今流に言えばスキンシップに当たるわけであるが、その一撫一息の後、これを返される。その御麻は、祭場において、宮主がこれを捧げて禊を修し、それが終るとさらに祭物を海に流すというのであるから、これは明らかに天皇ご自身の禊祓を行なう行事と言わねばならない。『禁秘抄』に、「御祓八十島在レ別」と見え、あるいは、顕昭の『袖中抄』に、

それも嶋々にてはらへすべきを、住吉の浜のこなたにて、西の海にむかひて、もろ〳〵の嶋じまの神をまつるといへり。

また一条禅閤（兼良）の『花鳥余情』に、

一代始に八十島祭は難波にてあり、典侍の人御衣をもちて参向して解除する事あり。これはみな難波の御はらへの例也。

さらに藤原相如の歌集『相如集』には、

はらへのつかひに難波に行きて、もどりといふうかれめにつきて

という題詞が見え、八十嶋祭の使を「はらへのつかひ」と述べていること、また『続古今和歌集』に、兵部卿隆親の歌の題詞に、「四条院の御時八十嶋の祭の使の事承りて侍けるに」とあり、その歌に、

みそぎせし　末とだにみよ　住吉の　神も
むかしを忘れはてずば

とも見えている。さらに、『新葉和歌集』には、後村上天皇が、住吉の神主津守国量が八十嶋の祭の型をつくって奉ったのを御覧になり、

みそぎする　八十嶋かけて　いましもや
浪をさまれる　時はみえける

とお詠みになっていることなどから、八十嶋祭が禊《みそぎ》あるいは祓《はらい》の祭儀であることは、明らかといわねばならない。

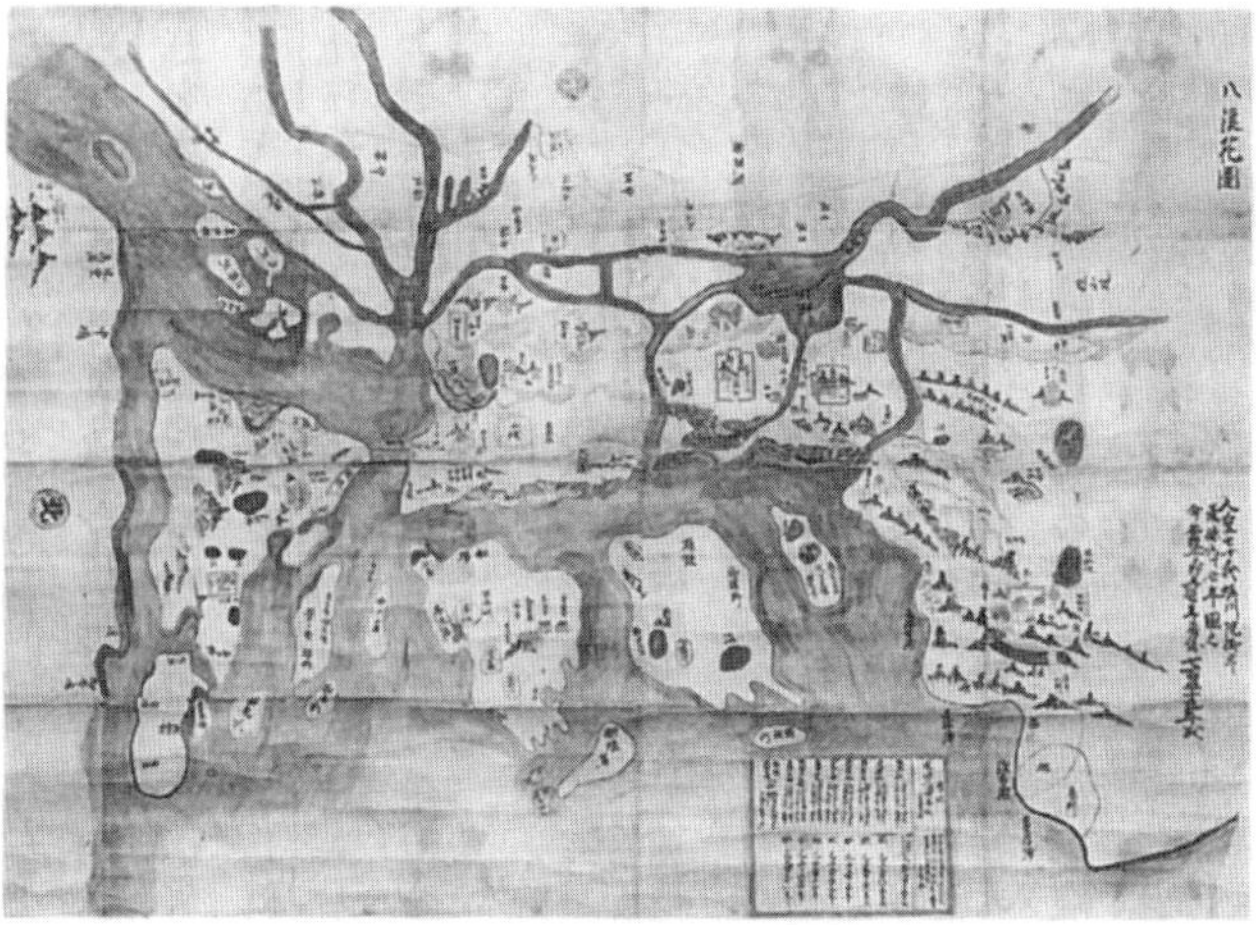

難波の八十嶋想像図（住吉御文庫蔵）

大八洲の神霊

ところが、問題は、これを八十嶋祭あるいは八十嶋神祭などといい、八十嶋（神）を祭るということは、ふつうの祭儀としては異例であり、また古語拾遺に「生嶋是れ大八洲の霊、今、生島の巫の斎き奉る所なり」とあるとおり、大八州の神霊を奉斎するのが生島巫なのであるから、八十嶋祭にこの生島巫が参加することは、やはり「大八洲の神霊」に対する祈願を主とする祭儀であろう、という説が出てくる

ことも、これまた自然なことといわねばなるまい。

鎮魂と招魂

さらに、岡田精司博士が注意せられたことであるが、八十嶋祭の祭式次第のなかに、「神祇官、御琴を弾ず。女官、御衣の筥を披きて之を振る」という儀礼があるが、これと同じことが、毎年十一月宮中での鎮魂祭においてもおこなわれている。すなわち『江家次第』によると、鎮魂祭の祭も「神琴師、和琴を弾ず」る間に「女官蔵人、御衣の筥を開きて振り動かす」というのである。（ただし、『儀式』には見えない。）

この二つの類似に注目する時、八十嶋祭においては、鎮魂すなわち〃魂しずめ〃あるいは〃魂ふり〃の儀式が行なわれたと解することも、充分な理由がある。これに加えて、さきに述べたように、生島巫が参加し、八十嶋（神）を祭るという祭名などを考え、さらに大嘗祭の後にこの祭が行なわれていることから、新帝の体に、大八洲の霊を招《お》ぎ寄せて、天皇の身中に鎮安させる儀礼であるという岡田博士説も、捨てがたいものがある。

陰陽祓の要素

さらに、滝川政次郎博士の詳細な研究によって、この八十嶋祭に、陰陽道的な要素が多量に含まれていることも、認めざるを得ない。滝川博士によれば、八十嶋祭の祭儀を主宰するものは、神祇官の宮主であるが、亀卜を掌どる卜部のなかから選ばれるこの宮主は、古くから神道のなかに解け込んでいる陰陽道的な行事を取り行なうものである。そして、八十嶋祭の料物のなかに、金銀人像各々八十枚が含まれているが、これはまさしく陰陽祓の祓具にほかならない。したがって、八十嶋祭は、禊祓の祭儀であるが、これは祓所四神を祭って行なう神道祓ではなく、泰山府君を祭って行なうところの陰陽祓であって、祭の眼目は、国土安全、天下泰平というような公的な利益を祈ることが主ではなくして、天皇個人の寿命長久という私的な祈願を主とするものであった、と考えられる。そのことは、八十嶋祭が、天皇の御乳人である内侍や、天皇の秘書にあたる蔵人によって行なわれていることから見ても、これが皇室の私祭である色あいが濃厚である。もし、大嘗祭と並んで御代の初めに行なわれるような重要な祭儀であれば、神祇官が直接に担当すべきであって、国家の公事である祭に、典侍が勅使となって難波に下向するというふうなことは考えられない、と説かれている。確かに、八十嶋祭の祭物・祭具などには、陰陽祓の要素が少なくないので、滝川博士の指摘は、重要な意味を持つといわねばならないであろう。

諸説の問題点

しかしながら、以上の諸説は、いずれももっともであるが、それぞれがそれだけではすべてを論証できないところの弱点を持っている。すなわち、禊祓説、陰陽祓説にしても、それだけでは八十嶋（神）祭の名称の由来、および生島巫が参加する理由が説明されていない。また、大八洲霊を招《お》ぎ寄せる鎮魂説の場合は、この御衣の筥《はこ》を披《ひら》いて振る所作が、天皇（前掲の「祭式の次第」の(5)）だけではなく、中宮や東宮（一本に斎宮）（「祭式の次第」の(6)・(7)）についても行なわれるということでは、いわゆる〝天皇霊〟だけを問題とする岡田博士説にとって都合が悪かろう。なぜなら、もし、この所作が、天皇の〝御衣〟についてだけ行われるというのであれば、それは岡田博士説のように〝天皇霊〟だけを対象として考えることも出来よう。

しかし、天皇だけでなく、中宮や東宮（一本に斎宮）の御料に関してまで、同様な神事が行われるというのであれば、少なくともこの場合は〈大八洲の霊＝天皇霊〉とは無関係といわなければならない。それとも、(5)は〈大八洲の霊〉、(6)・(7)は〈別の霊〉と区分されるのであろうか。そのようなことは不可解であろう。さらに岡田博士説では、禊祓についての祭式次第がこれほどまでに濃厚であることについての説明が不十分である。そこで、八十嶋祭の祭儀が、最初鎮魂的であったものが、後に禊祓的に変化していったという仮説がたてられているけれども、その背景には八十嶋祭自体が古くから天皇の即位儀礼の一環として行なわれていたことを、論証しなければならない。ところが、すでに述べたように、八十嶋祭の初見は、文徳天皇の御代からであり、それ以前にあっては、国史あるいは伝承の上において、何ら見ることができない。

もっとも、八十嶋祭が文徳天皇以前史上にまったくあらわれないという点について、〃八十嶋祭を五世紀に遡る古儀〃と主張する岡田精司博士は、八世紀にもこの祭儀の存在したことを確認できるとして、自説を補強する論文（「奈良時代の難波行幸と八十嶋祭」國學院雑誌八〇―一一）を発表しているが、これを吟味検証した田中博士の研究（田中卓著作集第十一巻ノ一『神社と祭祀』に収められた論文「大嘗祭と八十嶋祭」）によれば、それは成り立たない。田中博士によると、岡田博士が「大嘗祭の翌年には難波宮に向っている」として掲示された奈良時代の天皇の六例の中の三例（元明天皇・光仁天皇・孝謙天皇）は、史料そのものの誤解、乃至は疑問視されるケースであり、その他の三例（文武天皇・元正天皇・聖武天皇）についても、難波宮において八十嶋祭が斎行されたことを推察する記事はまったく見えず、むしろ別の目的での御旅行と読みとるのが自然である。それに加えて、天武天皇・持統天皇・淳仁天皇・称徳天皇・光仁天皇・桓武天皇等、奈良時代を中心とする前後の御歴代において、大嘗祭の〝翌年・難波行幸〟がまったく認められないことは、岡田博士説に対する有力な反証となるであろうという。

さらに、八十嶋祭の初見であるところの文徳天皇の場合、この祭が大嘗祭の前に行なわれているという田中卓博士の指摘は重要であろう。その後の八十嶋祭が『江家次第』のいうように、大嘗祭の次年に行なわれていることは、実例に照して明らかであるが、このように大嘗祭の前あるいは後というように、挙行の順序が、初見の嘉祥三年の時点において動揺しているということは、要するに、この時から八十嶋祭が始められたというふうに考えることの可能性の強いことを示している。なぜなら、八十嶋祭が大嘗祭の翌年にかならず行なわれるしきたりとして、すでに何百年か続いてきているとすれば、文徳天皇の場合に、その順序が逆になるはずはないからである。

なお岡田博士は、嘉祥三年が先帝仁明天皇の諒闇《りょうあん》中であるために、このような異例が生じたのであろうとしているが、それは何ら理由にならない。諒闇中であれば、大嘗祭が翌年にくりのべられることは当然であるけれども、それは即位と大嘗祭との関係であって、大嘗祭と八十嶋祭との関係にまで及ぶものではない。

綜合的な見解　このように見てくると、いずれの説にも長短があり、一をもって他を律し得るものとは考えがたい。

むしろ、すべてを綜合して考えると、この八十嶋祭は、天皇の即位されて後、大嘗祭の行なわれる前後に、天皇が使を難波津に参向せしめられて、その昔のイザナギ・イザナミノ尊の国生みを偲ばれ、大八嶋の神霊を仰いで国土恢弘《かいこう》、国家発展の祈請をせられるとともに、鎮魂と禊祓の儀礼を修せられて、宝寿の長久を祈られたものであろう。

要するに〝八十嶋の神霊祭祀〟と〝鎮魂〟と〝禊祓〟の三者が総合され、さらに陰陽道の影響をうけたところの祭儀と考えてよいであろう。そして祭儀の結末が禊祓であったので、それを主眼とみる理解が一般化していったものと思われる。

住吉神主の主宰

そのように見てくると、八十嶋祭は、禊祓という点において、当然、住吉大神を祭ることになるわけだが、しかもその祭場が難波であって、ここは住吉神領のうちといってよい、いわばホームグランドなので、祭儀においては主として住吉神主が奉仕して他社の神人を交えなかったものと思われる。

また、生島巫が斎き祭るところの生島神および足島神を祭神とするのは、難波の生国魂神社であるが、この神社も『住吉大社神代記』によると、子神として「難波生国魂神二前」と見え、奈良時代には、難波生国魂神すなわち今の生国魂神が、住吉大神の御子神とされていたことが知られるので、かつて津守国教が撰するところの『住吉大神宮年中行事』に、

八十嶋祭、難波河尻の島々に於いてこれを行わせらる。河尻とは淀川の下流なり。河中に島多く、多蓑島・幣島《みて》等の如き皆是れなり。住古河尻の島々皆住吉これを領す。故に八十嶋祭、諸

神を祭るといへども、住吉大神を宗とす。

と見える記事が、まさしく古伝を伝えるもの、ということができよう。

八　住吉のあら人神

あら人神の信仰　住吉大神は、「あら人神」すなわち現実に姿を顕わし給う神である、とする信仰があった。住吉明神と称えられて、白い鬚をはやした老翁の姿で庶人に親しまれたのである。社蔵の掛軸に、細川勝元や狩野元信筆の住吉明神像があるが、いずれも白鬚の老翁である。

『釈日本紀』所引「摂津国風土記」には

昔、息長帯比売天皇の世、住吉大神現出て天下を巡《めぐ》行りたまひ

とあり、『播磨国風土記』にも

住吉大神上りましし時、此の村にみ食《お》ししたまひき。ここに従神等、人の苅り置ける草を解《と》き散《あら》けて、坐《みまし》と為しき。その時、草主大《いた》く患へて大神に訴へければ、判《ことわ》りて云《の》りたまひしく。「汝が田の苗は、必ず、草敷かずとも草敷けるが如く生ひむ」とのりたまひき。故、其の村の田は、今に草敷かずして苗代を作る。（賀毛郡）

住吉明神像（細川勝元筆）

と、住吉大神が草を敷かずして苗代を作る方法を教えられたと伝えるが、このような所伝は、住吉大神を眼に見えぬ観念的な神としてではなく、人の姿を以て行動せられる神とみたわけで、つまり住吉大神は現形《げぎよう》せられる現人神《あらひとがみ》であったことを示すものといえる。

『万葉集』には、「石上乙麿卿、土佐国に配されし時の歌」に

かけまくも　ゆゆしかしこし　住吉の　現人神　船の舳に　うしはきたまひ（一〇二一）

とあるから、住吉の現人神という信仰は、天平年間にははっきり存していたことがわかる。そして、そのイメージは多く白髭の老翁の姿だった。

塩土老翁とツツノヲノ命

白髭の老翁といえば、『古事記』や『日本書紀』に描かれた塩土老翁《しおつちのおおじ》を想起する。塩土老翁というのは、海幸山幸神話の中で、釣針を失くして困っている山幸彦、すなわちヒコホホデミノミコトを、目無籠に入れて海の宮に送った神である。『古事記』では「塩椎神」と記し、『日本書紀』第四の一書では「塩筒老翁」と記す。神武天皇に「東に美地があ

り、青山が四方に囲り、その中に天磐船に乗りて飛び降りた者がある」と謂って、ご東征を示唆したのも塩土老翁であった。鈴木重胤は住吉大神と塩土老翁は全く同一神であろうと説いている（『日本書紀伝』）が、海幸山幸神話そのものが、先述の通り住吉大神の顕現と大いに関係があり、しかも「塩筒」とも記すのであるから、〈塩ツツの老翁〉は〈（底・中・表）ツツの男の命〉と語幹をひとしくし、同じ神格、ないし実体を有する神とみてよい。したがって、住吉大神（筒男命）が現形せられた神を塩筒老翁（塩土老翁）として語られているものと考えられる。

住吉大神の神詠

『住吉大社神代記』には「住吉現神大神」と記し、また

大神、霊男神人《くしきえおとこ》に現れ賜ひ、宮城《おおみや》造作《つく》るべき料の材木を流し運はんと為行《おこ》事《な》めはし賜う（四九三行目）。

とあり、さらに「幣を奉る時の御歌の本記」には、軽皇子が太幣帛を奉って

榊木葉に木綿《ゆう》とり垂《し》でて誰が世にか神の御顔を斎ひ初めけむ

と詠んだのに対して、大神は、東の一の大殿を押し開いて、「美麗貌人《うるわしきひと》」に表われたまい、「白き笏を取り、閾を叩きて、和えませる歌」として、

宜まさに君は知らませ神ろぎの久しき世より斎ひ初めてき

と詠まれたことが記されている。軽皇子とは、孝徳天皇もしくは文武天皇を指す。前者の歌は、神楽歌として、『楽章類語抄』、『拾遺和歌集』等にみえ、神祇を斎い祀るときに唱えた。後者の歌は『伊勢物語』、『新古今和歌集』にみえる。

『伊勢物語』第百十七段では、天皇の詠に対して、住吉大神が唱和せられる形になっている。

むかし、みかど、住吉に行幸したまいひけり

我見ても久しくなりぬ住吉の岸の姫松いくよへぬらん

おほん神、現形し給ひて、

むつまじと君は白浪瑞垣の久しき世よりいはひそめてき

とある。

住吉の松

このように住吉大神は、現実に姿を現わされる「現人神」として敬仰されたが、同時に多くの歌にみられるように「松」とともに詠まれていることである。「我みても」の歌にもみられるとおり、「住吉の松」はいまから千年も昔に、なお幾代経たかわからぬほど久しいものとされていた。「住吉」といえば「松」が詠まれ、「住吉の松」は「歌枕」となっていたのである。「歌枕」とは、例えば、「竜田の紅葉」「宮城野の萩」のように、特定の地名が情緒と結びついて歌に詠まれているものであるが、たんに風光明媚であるばかりではなく、かならず信仰と結びついているとの由で、果して「住吉の松」といえば久しいものとされ、同時に、住吉大神の所在を意識しているのであり、「神のしるし」としての松をあらわしている。

古人は「住吉の松」にも住吉大神のみ姿を拝し、神の悠久永遠を想い続けたのであった。

源氏物語の住吉信仰

このような平安時代の住吉信仰が、ことに豊かに描かれているのは、『源氏物語』である。須磨巻・明石巻には、光源氏の父帝と明石入道の住吉明神への厚い信仰

が、また「澪標」・「若菜下」には、光源氏の住吉詣が描かれる。『源氏物語』には、住吉の神だけでなく、賀茂の神についても深く敬仰したことが認められるが、とくに住吉信仰は、物語発展のもっとも重要な核を形成していて、他の神々への信仰描写とは異なった問題を含んでいるのである。

住吉の松
背後に見えるのは昔の高燈籠。

光源氏は、「賢木巻」の朧月夜内侍との逢瀬に端を発して、横ざまの罪にあい、須磨の地に流謫退居させられる。「横ざまの罪」とは政治的なおとし入れである。源氏は須磨で三月上巳の祓を行なった。この時、にわかに暴風雨が起り、十日間も続いて、まだ海は大きなうねりの残っている朝、住吉明神を深く信仰する明石入道がまた夢に現われた「異形の人」のお告げによって舟で迎えにきた。

この暴風雨に際して、光源氏は、

住吉の神、近き境を鎮め守り給う、まこと現世に迹を垂れ給う神ならば、助

けさせ給え

と、住吉の神に祈ることからはじまって、次第に住吉大神との関わりを深め、明石の上と結ばれて明石入道一族と同様に住吉の神の加護を受けることになる。

光源氏の住吉詣

源氏は帰洛して内大臣となり、明石の上は姫君を誕生するが、その年、源氏三十歳の秋、住吉詣を行なう。中央へ復帰できたことの御礼参りであった。たまたま明石は、毎年春秋二回欠かさず行なっていた住吉詣が、昨年の秋は妊娠で、この春は出産で滞っていたので、今年こそはと、久しぶりに小舟で磯伝いに住吉へお詣りしたところ、住吉の浜に近づくと、白砂青松の海岸に、紅葉を散らしたような赤や紫の袍を着けた貴族が絵のように並び、楽人たちの琴や笛の音も晴れやかな豪華な参詣は、いったいどなたのお詣りかと聞けば、源氏の君といわれ、手紙だけを届けて悲しく立帰るのである。

　源氏の二度目の社参は、「若菜下」にみえる。これより先、明石は入洛して、源氏との間に生まれた明石君は東宮妃となり、やがて、東宮が新帝に即位されて、女御となり、その一の宮の立太子をみる。源氏四十六歳の秋、こうした栄光の御礼参りである。この度は明石の姫君、紫の上、明石の上、明石の尼君などと同道して十五台の車駕を連ねての豪華な参詣となった。十月中頃、住吉の浜の松風に音を添える神楽の調べも花やかに、東遊の舞姿は、松原に散った紅葉のように色美しく、夜もすがらの神楽に月の色も冴えて海の面もはるばると見渡され、この世のものとも思えぬ感興を催させる。

こうした物語の展開をみると、作者紫式部自身の住吉大神への信仰が並々でないこと、また当時の住吉信仰の実態や住吉詣の有様がどのようなものであったかが、うかがわれるというものである。それというのも、『源氏物語』は、小説とはいえ、虚構の世界を描いているのではなく、きわめて事実に則した記述をしているからで、明石入道が熱烈な住吉明神の信仰者であったこともきわめて事実に近い。明石の地は、『住吉大社神代記』によれば、播磨一円が住吉の神領であった中にも、「魚次《なすき》浜一処」とあって、とくに密接な関係があった。いまもここには住吉神社が祀られており、明石の漁民は毎年住吉大社への参詣を欠かさないのである。

こうして住吉の「あら人神」の信仰は、「住吉の松」の歌枕とともに、庶人の間にきわめて親しみのある神として定着し、謡曲「高砂」にみられるような、住吉・高砂の松の相生の芽出度さを謡う、円満長寿慶祝の意をも表象する神として現代に伝承されるのである。

和歌三神

住吉大神はまた和歌の神として敬仰されてきた。その縁由は、先に掲げたような、神詠に発祥するが、平安時代以来、住吉大神はつねに和歌三神の一に数えられている。和歌三神とは、普通、住吉明神、玉津嶋明神、柿本人麿をいうが、住吉、天満、玉津嶋の三神とする説もあり、また住吉の底筒男・中筒男・表筒男の三神をもってあてるものもあり必ずしも一定しないが、その何れにも住吉大神が必ず挙げられている。玉津嶋明神とは衣通姫のことで、和歌浦に祀られた故にその地名との関わりから和歌神と仰がれるに至ったのであり、人麿はいうまでもなく万葉集中の随一の歌人である。

歌合せ

長元八年（一〇三五）五月十六日、関白左大臣頼通歌合が、赤染衛門や能因法師など当代一流の歌人揃いで開かれた。評定の結果、勝利を得た公達たちは御礼参りのため住吉に参詣し、社前で述懐の和歌を詠じ奉納している。

住吉神前で悟りを開いた藤原俊成

また、藤原俊成が老いてなお歌の道に迷うところにあって、住吉社に参籠したことがある。『徹書記物語』に

俊成卿、老後になりてさへも朝暮歌をのみよみゐて、さらに当来のつとめもなし。かくては後生いかならんとなげきて、住吉の御社に一七日こもりて、この事をなげきて、もし歌はいたつら事ならは今よりこの道をさしおきて、一向に後生のつとめをすへしと祈念ありしかは、七日に満する夜、夢中に明神現したまひて、和歌道全二なしとしめし給しかは、さては此道の外別して仏道をもとむへからすとて、いよいよこの道をおもき事にし給ひしなり。

と記されていて、住吉大神の神夢を得て、歌道に精進すべきことを悟ったのである。

この道てらす住吉の神

かくて、後鳥羽上皇は、熊野御幸の途中、住吉社に幸せられ、住之江殿にて和歌を講ぜられた際

相生の久しき色も常磐にて君か代守る住吉の松

と、上皇の詠まれたに応えて、供奉した藤原定家は

かくて猶変らず守れよゝをへて此道てらす住吉の神

と、住吉の神が歌の道の守り神であると詠んだことが『後鳥羽院熊野御幸記』に記されている。

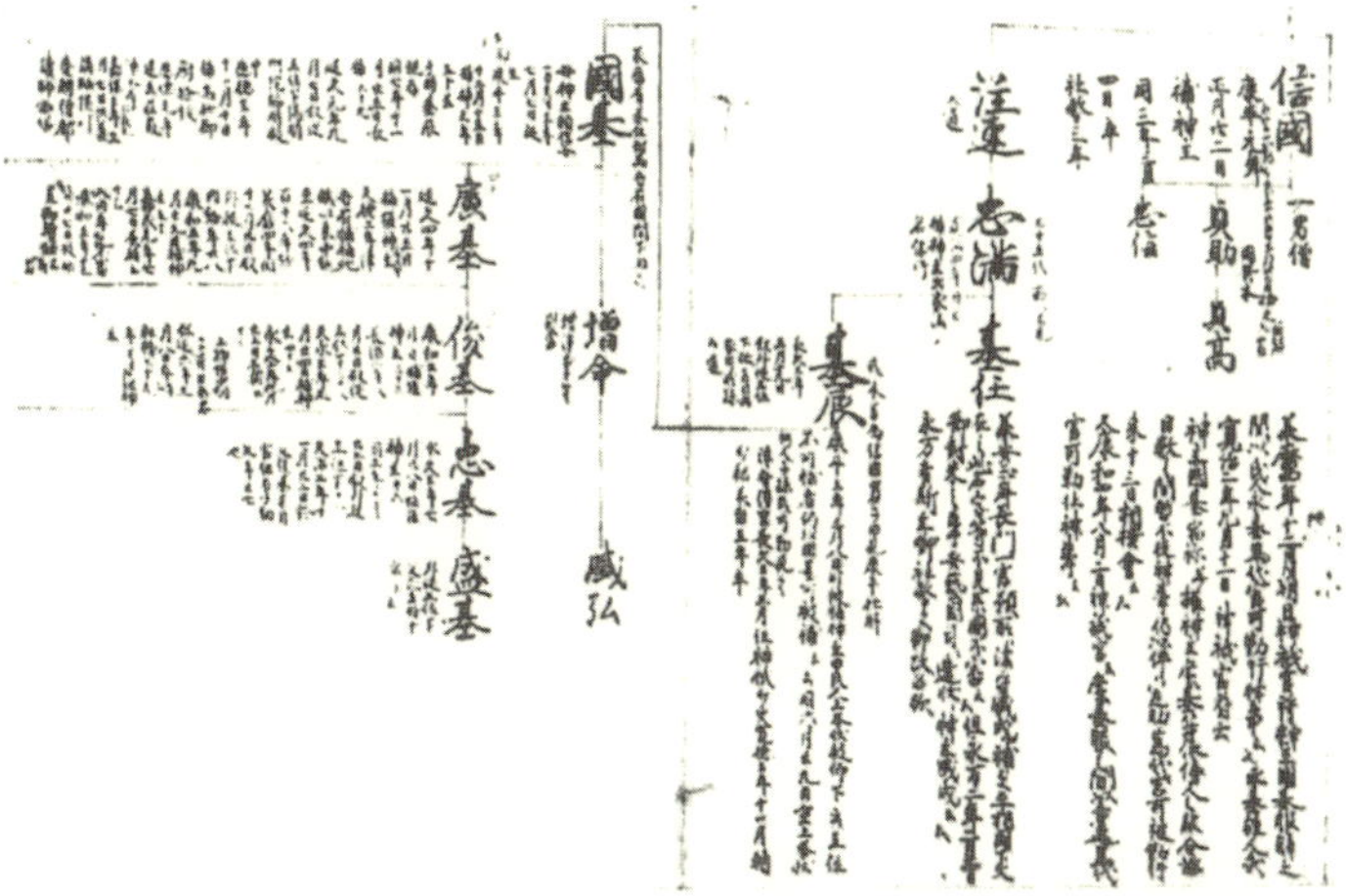

津守氏系図

住吉大神が、このように和歌の神として仰がれるに至った所以は、もとより風光明媚な難波の住之江の浦に面していたという地理的条件も無視できないが、やはり何よりも神慮がそこにあったというほかはない。禊祓の神、海上の平安守護という、住吉大神の本来のご神徳に加えて、「あら人神」としての信仰より、さらに和歌の神として神徳は発展展開してきたのである。

薄墨神主津守国基

それについては、住吉の神主であった津守《つもり》一門に歌人が輩出したことも見逃せない。とくに、第三十九代津守国基は、後冷泉天皇の康平三年（一〇六〇）神主に補せられ、堀河天皇の康和四年（一一〇二）七十七歳で歿するまで、四十三年間神勤し、歿後、勅によって藤井戸神主の号を賜り、あるいは世に薄墨神主と称された人である。

薄墨にかく玉章のことちして雁なきわたる夕闇の空（『津守国基集』）

との、世に謂う薄墨歌を詠んだ。

薄墨に書く玉章と見ゆるかな霞める空に帰る雁がね（『後拾遺和歌集』）

とも伝えられている。

国基の子有基・景基も私撰集に歌を遺し、四代孫国光は勅撰集に、六代孫経国（四十六代神主）、七代孫国平（四十七代神主）、八代孫国助（四十八代神主）、さらにその子国冬（四十九代神主）、国夏（五十代神主）等代々和歌に通じ、各勅撰集・私撰集に数々歌を遺しているのは偉観でさえある。平安時代から鎌倉時代にかけての代々の神主がこうして自ら歌を詠み、歌道の推進に力を注いだことは、歌の神住吉大神の神徳をいやが上にも高めたことである。彼らは、それぞれに歌をもって神徳を讃え、また慨世の想いをも歌に托しつつ、伝統の祭祀を護持継承して、道統を後世に伝えたのである。

九　正印殿と南朝

――中世の住吉大社――

建武の中興

中世になり武士の時代となっても住吉は歴史の舞台から離れることはできない。吉野朝（南朝）の後村上天皇は足利方の攻撃をさけ、正平七年、住吉に滞在され、さらに同十五年より八年間、住吉に坐しまして、京都回復を図られたが、先帝以来のご悲願もついに果すことができず、正平二十三年（一三六八）三月十一日、宝算四十一をもって、住吉に崩御されたのである。ついで長慶天皇は直ちに住吉にて践祚され、その年の十二月まで滞在になって観心寺に向われた。

このように、戦乱の世に、前後二回九年間にわたって神社に滞在され、しかも神社にて崩御になり、さらに新帝が践祚になったということは他に類例をみないのである。

住吉大社と堺浦

足利幕府が全国を支配したこの時代に、京都とは眼と鼻の間の摂津住吉に、このように永く南朝の天皇を奉護することができたというのは、住吉社の経済力のなみなみでなかったことを見逃してはならない。どこにそのような力の源泉があったのであろうか。じつは住吉大社は、吉野の朝廷と西国の官軍とを連絡する重要地点を確保していた。伊勢の大湊が、東国の官軍との重要な連絡点であったのと同様、和泉国の堺浦は、中国・四国・九州などの西国の官軍との連絡に欠かせない重要地点であった。この湊は鎌倉時代から発達し、ここを中心として堺荘が形成され、南北に分れて堺北庄は摂津国に属し、堺南庄は和泉国に属したが、ともに社領として住吉大社の管理するところであった。もとより、堺は太古以来外交の門戸であった住吉の津にその源を発するのである。

堺浦には、多数の魚商人がいたが、彼らは南朝に心を寄せていた。おそらく住吉大社の社領であった関係からであろうし、根本は住吉の神への信仰に基くものであったろう。

このようにして、堺浦は、南朝の西国に対する出入口としての役割を保ちつづけてきたものと思われるが、足利氏の勢力が大きくなるにともなって、住吉社の堺荘管理が困難となることもあったが、交通の要衝としての堺浦を確保していたことは、後村上天皇の住吉ご滞在を永く支えたといえよう。

津守国夏　正平七年の第一回行幸を迎えた当時の神主は津守国夏である。天皇ははじめ国夏の館に入られたが、まもなく住之江殿がつくられて、そこに遷られた。これを正印殿ともいった。国夏は、さきに後醍醐天皇が鎌倉幕府を討とうとされた元弘の変の前年、元徳二年（一三三〇）三月、延暦寺大講堂供養のため比叡山に行幸せられた際、国夏は太鼓の役を仰せつかる。

だいたい住吉大社には前より舞楽の伝統があった。住吉神主は代々和歌とともに笛・箏に長じ、国基も箏を能くした人である。第四十六代神主経国よりは獅子太鼓を打つことが、この家の眉目となっていた。国夏の父国冬も、正安二年(一三〇〇)南都興福寺供養に獅子太鼓を打っている。

さて国夏は当日供養会に参加のため、比叡山に登ったが、行事の時刻に遅れて到着したので、すでに舞曲の楽は始まっていた。国夏は撥を採って太鼓を打つ余裕なく、咄嗟《とっさ》に履いていた沓を脱いで遙かに投げ、もって音節を合せた。これは有名な逸話として伝えられている。こうして国夏は太鼓の役を無事果したため、同日正四位下を賜わった。

このころ楠木正成もまた深く当社を崇敬して祈願をこめ、元弘二年(一三三二)八月三日、神馬三疋を献納したことが『太平記』にみえている。

延元二年(一三三七)七月五日、後醍醐天皇は国夏に御召乗用の車輿を下賜された。この車の車輪はいまも当社に保存している。

正印殿

さきにふれたが、国夏が天皇の御座に充て奉った正印殿とは、津守国基が康平三年(一〇六〇)三月、邸内に創建したもので、南面して建ち、その結構荘麗善美を尽した。ことに南方一帯の庭園には、紀伊和歌浦より運んだ大小の石をもって築き、泉石の布置はすこぶる典雅であった。前述のように歌人であった国基神主が、和歌三神の由縁に因んで、とくに和歌浦の石を運ばせたのであろう。住之江殿といい、正印殿ともいった。「正印」を納めた

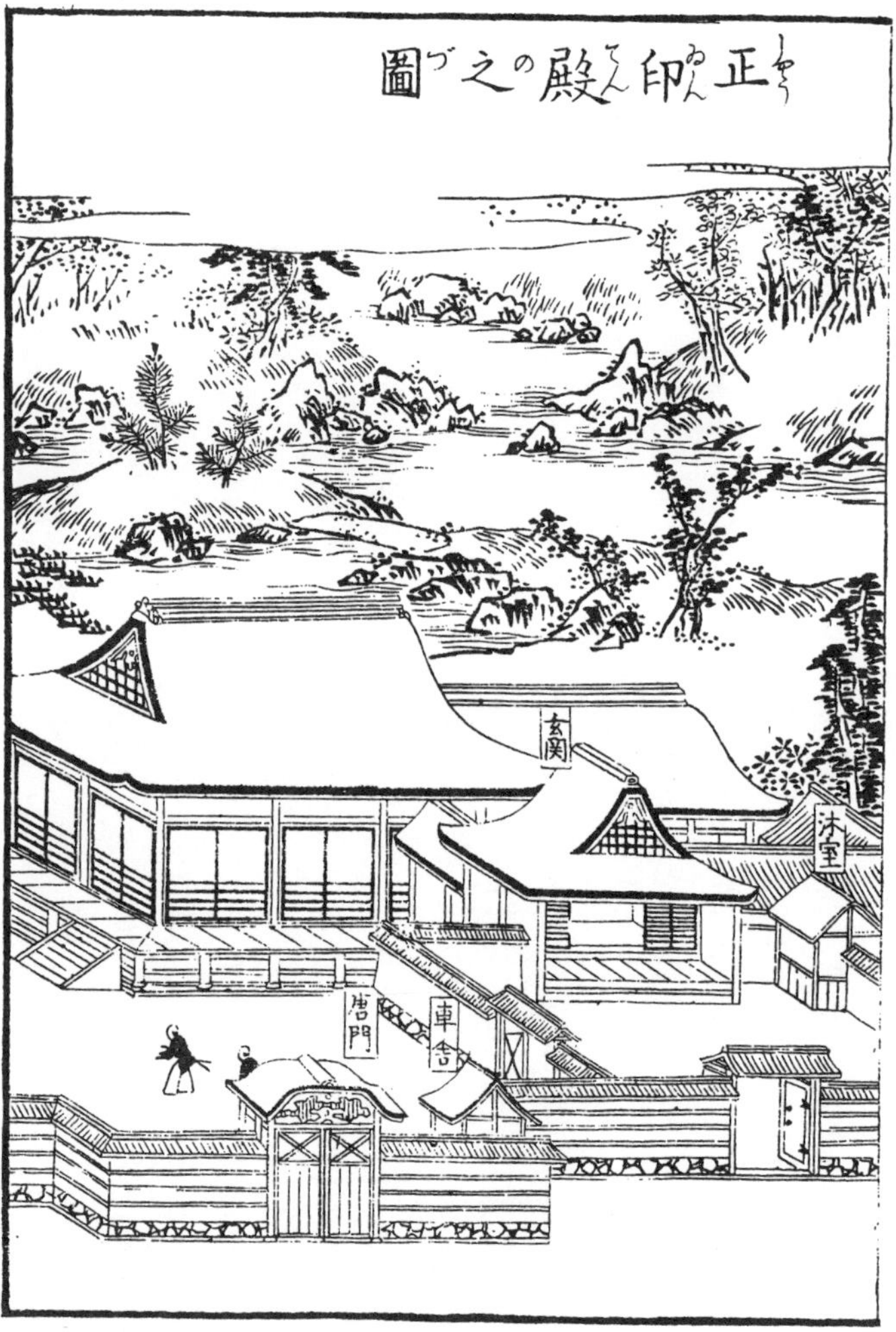

に見る正印殿の図

『住吉名勝図会』

故である。『摂津名所図会』には

正印殿　神主館内に正印の御筥を安す。上古より秘符して開くこと能はず。但し神鏡ならむか。正躰を知るものなし。

とあり、いまは知るべくもないが、「神秘の筥《はこ》」を納めたところという。国夏はここをにわかに造替して、天皇の行在所としたのである。神主館は、東西約百間、南北六十八間という広大な地域であった。

正印殿祭　いまも、毎年四月六日、住吉大社では後村上天皇の行在所であった正印殿趾で祭典を行なう。「正印殿祭」というが、天皇が正平十五年より八年間にわたってのご滞在の末、京都回復のご悲願も空しく、正平二十三年三月十一日、宝算四十一をもってついにここに崩御せられたその日である。新暦にして四月六日となる。

正印殿はすでになく、広大な敷地は明治の初めより私人の有に帰して永く荒廃した高台と化していたが、いつか周囲は住宅が建ち並び、約百六十坪を現在社有として、国の史蹟に指定されている（石碑のあたり国有地）。中央上段の間と思しきあたりに土壇を築き、「後村上天皇　住吉行宮正印殿趾」と彫った石標がわずかに往時を偲ぶよすがとなっている。

君を祈る道にいそげば神垣にはやとき告けて鳥もなくなり（『新葉集』）

国夏の二男国貴の詠である。早旦の祭儀奉仕のため神主館より神社への道を急ぐとき、神垣に暁を告げる鶏鳴をきいた。それは一時、京都回復の時であったのか黎明を告げるときの声と聴い

後村上天皇　住吉行宮正印殿趾

たのであろう。

　ここに津守《つもり》家歴代神主の輝やかしい歴史と伝統に襟を正し、「君を祈」ってひと筋の道を貫き通した国夏父子の尽忠の精神をしっかりと承けとめて、六百年後の今日なおも君と国とを守らせられる住吉大神に道ある世を祈りつづけるのである。

一〇　俳諧と住吉
――近世の住吉大社――

芭蕉の住吉社参

近世の文化が庶民のものとして花を開いたとするならば、庶民の世俗性をそのまま文芸にまで高めたのは俳諧である。それを成し遂げた一人は松尾芭蕉であり、一人は井原西鶴であった。しかもこの二人が、世俗の庶民性の中で発掘した詩魂詩情は、住吉大社の社頭において著しいものがあった。

芭蕉が住吉に社参したのは、元禄七年（一六九四）九月十三日「宝之市」の宵であった。「宝之市」というのは、詳しくは後述するが、神功皇后が三韓よりの貢物を庶人に頒たれたという故事に因んで社頭に市が立ち、升を多く売ったので「升の市」とも称したものである。相撲会が行なわれ、神輿の渡御もあって盛大な祭りであった。「宝の市」または「住吉の市」といえば俳諧の季語ともなっていた。

さてこの日、住吉大社に詣でた芭蕉は、神前に額ずいたあとで、音に聞えた「市」で壱合升を一つ買った。その由は芭蕉自身が近江膳所《ぜぜ》の門人正秀（俗称、水田孫右衛門）に手紙で次のように報じている。

十三日は住吉の市に詣でて

升買うて分別かはる月見かな

壱合升一つ買い申し候間、かく申し候。

芭蕉は風流な月見をしようと思って住吉に詣でたのだが、升を買ったことによって心境の変化をきたして取り止めた、というのである。どうして心境の変化をきたしたのか。また月見を中止するとはどのような心境になったのか、それがどうして句になるのか。古来この句の解釈についてはさまざまの説があったが、富山奏氏（四天王寺女子大学教授）は次のように解釈しておられる。

興の詩情

芭蕉が升を買ったのは事実であるが、「分別かはる」とはじつは事実ではなく虚構である。『笈日記』の中に門人の各務支考がその日の芭蕉の行動を記しているところによると、昼頃より雨が降って、ことに日暮は悪寒になやまされ、いそいで帰ったようで、雨が降るくらいであるから月も明らかでなかったろう。身体の不調や天候で月見をとりやめたのでは詩にはならない。升を買った結果、急に世帯気がついて月見をやめたといえば、そこに笑いがある。この笑いは「興の詩情」である。つまり、升を買うことは風流とはおよそ縁遠い世俗の行為であるが、ことさらに世俗の行為に及んで庶民性の中に自ら分け入るところに詩興の実践があり、升を買ったことを月見のとり止めの理由のように言いなしたところが興詩の創作である、というのである。

　芭蕉は、この日よりおよそ半月程を、大阪の所々の俳席に招かれて忙しく過したが、月末より泄痢で病床に臥し、御堂前、花屋仁右衛門の裏座敷で十月十二日ついに不帰の客となった。他界の五日前の十月七日には、急報を受けた門人たちが病床に馳せ集ったが、この時、門人槐本之道（別号楓竹、俗称伏見屋久右衛門）は何としても芭蕉の延命をと祈って、看護の門人たちの祈禱句を取りまとめて、八日住吉大社に奉納し、祈願した。支考の『笈日記』に

松尾芭蕉句碑（住吉公園）

　之道、住吉の四所に詣して、此の度の延年を祈る。祈願句あり。しるさず。
とある。奉納の祈願句は、ことさらに記されていないので、いまは知るべくもない。
　芭蕉を語る者は、多く「わび」「さび」の悲壮閑寂の美を讃えるが、晩年の芭蕉が志したのは、むしろ興の詩情であった。「高く心を悟りて俗に帰るべし」とは芭蕉の教えである。俗に入りな

がら、俗に惰せず、世俗の現実社会をそのまま詩的世界に高めようとしたのである。それが帰幽の一箇月前の住吉社頭において、まさしく到達した詩興そのままの句を得られたことは、偶然のこととは思われない。いま住吉公園入口に潮掛道に添ってこの句碑が立っている。果たして何程のひとがこの碑に芭蕉の晩年を思いやるであろうか。

大矢数俳諧

元禄には芭蕉と並んで西鶴がいた。西鶴は大阪の町人作家であるから、住吉大社を敬したとしても不思議ではないが、社前で大矢数俳諧を行ったことは、破天荒な企てであった。大矢数とは、京都三十三間堂の通し矢の数を競い合った行事で、尾張藩士星野勘左衛門が寛文二年八月天下一となったことは有名であるが、それを俳諧で行なおうというのである。貞享元年（一六八四）六月五日、西鶴四十三歳のことであった。暮六つ（午後六時）から、翌日の暮六つまでの二十四時間に二万三千五百句の独吟興行をやってのけたのであるから、飲まず食わずとしても、一句平均約四秒の速さで詠んだことになる。

この時の発句は

神誠をもって息の根とめよ大矢数

と伝え、西鶴がなみなみならぬ決意をもって住吉大社の神前に臨んだ姿がうかがえる。

二万三千五百句はあまりの速さに執筆も記録もできなかったようで、いまに伝わっていないが、それが事実であったことは伝える資料が少くなく、またその席には大坂俳壇の俳諧師二十数名が連なり、江戸の宝井其角もこの日社前に群がる群衆とともに、わが眼で確かめた一人であった。

西鶴は大坂の作家であるから、住吉大社には日頃から馴れ親しみ、住吉信仰を描いているのは当然とはいうものの、それが、作品の中にたまたま現われたというのではなく、西鶴の場合は、和歌神としての住吉大神を戴き、そのご神威を念頭において作品をものしている。例えば、地誌『一目玉鉾』（元禄二年刊）には「人王十五代神功皇后三韓御たいじの時あらはれ給ふ御神也」と記し、

住吉の神風秋かぜあぶないそ／むくりこくりがよするしら波（『独吟一日千句』第四）

異国の舟も大浪の浦／住吉の神の力を覚えたか（『西鶴大矢数』第一）

などの付合をみることができる。とくに住吉の神の神徳は、謡曲『白楽天』で、楽天が日本に渡ろうとして、漁翁、じつは住吉明神と詩歌で唱和したが、あまりの秀れた文雅に驚いて逃げ帰ってしまったという筋を踏まえて、『日本永代蔵』（元禄元年刊）では、

智恵の海広く、日本人の祖《はたらき》をみて、身過にうとき唐楽天が逃けて帰りし事のおかしとある。

西鶴の住吉信仰

また住吉の浜は、晩春から初夏にかけて汐干狩で賑わった。『男色大鑑』にはその様子を詳細に描き、また『世間胸算用』（元禄五年）では、悲喜こもごもの生活をにじませている参詣者をみつめて、住吉社頭の風景の中でいきいきと描いている。

こうして近世において、俳諧は住吉大神の神威をうけて庶民性を文芸に高め、住吉大社に寄せられる信仰もまた庶民性を加えて、あらゆる階層のひとびとに親しまれ馴染まれていく。

松苗集

万葉以来、歌枕となり、神のしるしともされた住吉の松が、天明年間（一七八一～八八）枯死のきざしをみたことがある。このとき、風流人の間に期せずしておこったのは松苗奉納の企てであった。俳人加部仲ぬりの妻吉女は、大伴大江丸とはかって、松苗の献木を斡旋し、それに添えて和歌俳句の献詠を求めて奉納した。その歌句は『松苗集』十四巻となって、いまも住吉御文庫に保存されている。またこの故事に因んで、毎年四月三日、松苗の献木と俳句の献詠を行なう松苗神事は現在もつづいている。

蜀山人の歌碑

境内にはまた蜀山人の歌碑がある。文政五年（一八二二）の秋、浪速の狂歌師連、種丸・梅干丸・年布留等が催主となって建てた。

享和二年（一八〇二）正月一日、江戸の狂歌師蜀山人太田南畝が在阪の折、天王寺の医師蕪坊と住吉社参を約したが、蕪坊は早くから浜辺の茶店、松屋というのにきて南畝のやってくるのを待ったが、待てども待てども一向に音沙汰がないため、しびれを切らして茶店の柱に狂歌を書いて帰ってしまった。

契りてし人を待ちわびて、尾生が信にそむきながら、たちかへるとて松屋のはしらに

墨の江のきしによるから来るひとをまつは久しきものと社《こそ》しれ　　蕪坊

ところがそのあとへ、おっとりときた蜀山人はこれを見て同じ柱に書きつけた。

かならず待つと言ひし人の見えざりければ同じ柱に書きつけける

すみよしのまつべきものををうら波のたち帰りしぞしづ心なき　蜀山

この話は、江戸の狂歌堂真顔の『住吉紀行』（文化八年刊）に載せている。

蜀山人太田南畝は多芸多才の文人として知られているが、じつは幕臣で来阪したのも銅座役人としての赴任であったが、享和元年（一八〇一）三月から丸一年滞在し、その間に近在の名所旧跡を巡り歩いて書いたのが日記体の紀行文『芦の若葉』で、住吉社参の記事は前後六回におよび、高燈籠にのぼったり、御田植神事を拝観し、夏越大祓や宝の市にも社参していることが知られる。

同じ頃、『南総里見八犬伝』を著わした滝沢馬琴も、享和二年八月から九月にかけて大阪の諸所を巡覧し、その折の記事が『羇旅漫録』にみえるが、住吉に詣うでたのは八月三日のことで、

岸の姫松は数百本千とせの緑をあらはし、四社の御神かみさびて尊く、社前のそり橋、角柱の石の鳥居、石の舞台、誕生石、その外摂社を巡拝す。

とある。天明の頃、枯死しかけた境内の松は松苗の献木によって、二十年を経たこの頃には「千年の緑」をあらわすようにまでなった。

因みに、右の記事にある「誕生石」とは、境内の一角にあり、昔、源頼朝の寵をうけた丹後の局が、政子の嫉妬により鎌倉を追われて、住吉社頭まできたとき、急に産気づいてこの石にもたれて出生した。その子が島津氏の初代忠久である。成長して頼朝により薩摩に封ぜられた。島津家や薩摩藩士の寄進した石燈籠があり、ここに安産を祈る人も絶えない。

境内の石燈籠

近世の住吉については、訪れた文人も多いだけに記事となっているものも少くない。それだけに多彩な社頭の状景をうかがうことができるが、要するに庶民に親しまれ、敬われて、神威はいよいよあまねく全国にゆきわたった。そのことを如実に示すのは、境内にある六百基の石燈籠である。北は北海道の松前から南は九州の薩摩まで、近世の各種業界があげて奉納しているのは偉観でさえある。しかも現在ではとうていなし難い巨大な石燈籠が多く、また刻まれた文字の彫りの深いので有

境内の石燈籠

現在の高燈籠

名である。これらは多く海上守護の住吉大神の神威を仰いだ大坂廻船問屋を中心として、全国各種業者が、それぞれの崇敬を蒐めて寄進したものだが、こうした燈籠のひとつひとつにこもる崇敬の誠は、如何に深く、如何に厚かったかがわかるというものである。

住吉の象徴 高燈籠

石燈籠にもまして、住吉の象徴的な存在となったのは高燈籠である。高燈籠の創建年月は不詳であるが、文政十年に再建されており、前記の太田南畝も享和元年に登っているのであるから、当時すでに建立されていたことは明らかである。神前に捧げた灯明であると同時に、大阪湾に出入する船舶の目標となり、わが国の初の燈台としての役割を果した。寛政八年開板の『摂津名所図会』には、

高燈籠、出見の浜にあり、夜走の船の極とす。闇夜に方角を失う時、住吉大神を祈れば此の燈籠の灯、殊に煌々と光り鮮也とぞ

とある。戦後、台風のため上部の木造部が破損し傾斜したので解体し、基礎の石積のみ存していたが、古来の住吉名勝として永くひとびとに親しまれてきた文化遺産の再建復旧を念願する要望が強く、先年、大阪市の道路拡幅のため石積をも撤去しなければならなくなった機に、位置をおよそ二〇〇㍍東に移して住吉公園西に、公園の修景施設として、昭和四十九年十二月、財団法人住吉名勝保存会により同形同大の高さ二十一㍍、石積底辺十二㍍四方で再建された。いまは鉄筋コンクリート造りながら往年の景観そのままに再建成った高燈籠は住吉大社の西、住吉公園を隔てて、高く聳え、ひとびとに希望と光明をもたらす目標ともなっている。

住吉御文庫

近世の住吉大社が遺した文化施設に、いま一つ「住吉御文庫」がある。享保八年九月、大坂・京都・江戸の書肆二十人が発起・勧誘して、創建せられた。白壁土蔵造り二階建、八坪四合六勺の御文庫には、大永住吉社歌合・奉納千首和歌・奉納法楽百首等和歌の神としての崇敬を示す蔵書をはじめ、俳諧関係はもちろん、中世の写本である『月かげ』や『讃岐典侍日記』、あるいは大塩平八郎（中斎）の『洗心洞劄記』の初版本を中斎自ら奉納したもの、坂本竜馬が英語を習ったという土佐の川田白竜筆にかかる、漁夫万次郎の漂流聞書である『漂巽紀略』の稿本もあり、写本・版本等貴重な文献が約三万冊納められている。

住吉御文庫

その後大阪書林仲間有志は住吉御文庫講を結び、奉納本を整理保管し文政八年には講員七十余名を数え、現在も在阪の出版社・書籍商がその伝統を継いで、毎年献本、参詣を欠かさない。昭和二十六年、田中卓博士著の『住吉大社神代記』を刊行したのも、この御文庫講の人々であった。近世では、こうして住吉大社が大阪の文化の中心となり、文化を推進する役割を果したのである。

『住吉松葉大記』と梅園惟朝

近世の住吉大社を語る場合、いま一人忘れてはならない人物がある。それは社家出身の学者梅園惟朝で、その編述にかかる『住吉松葉大記』（大阪府指定文化財）は、中世・近世の住吉大社研究に欠かせぬ第一の典籍となっている。

梅園惟朝は、本姓を土師、または菅原を称し、直堂また愚狂と号した。生歿年月は不詳であるが、元禄頃の人と察せられるから、芭蕉や西鶴によって民間でも文運漸く盛んとなったのと時を同じうしている。松下見林に私淑して神道を学んだと察せられ、唯一神道の立場で、神仏の混淆を排し、両部の習合を斥け、住吉神道として一家の見識をなした。

『住吉松葉大記』二十三巻は、住吉大神の出現より稿を起して、摂末社・神事・供膳・神宝・造営等について詳述し、幾多の資料を集め、博く諸書を引用して、考証は綿密精緻を極めている。とくに神事部においては、鎌倉時代文永年中の人、津守棟国（第四十七代神主国平の六男）が記した「諸神事次第記」を全書し、自説は「今按ずるに」として、古今の異同を論じるという周到な配慮をしている点にもみられるように、純粋な学問的態度を失なわず、現代のわれわれは、それによって中世と近世の神事次第をうかがい、状況を察することができるのである。

『住吉松葉大記』は惟朝の後裔である梅園家に保存せられていたものを、昭和九年十二月、鈴木松太郎宮司の努力によって飜刻出版した。社人にして学者であった梅園惟朝のような人物が、近世の住吉大社に出たことは、社内の学問水準の高さを示すものであり、こうした人等の努力が、一社の伝統をまもっていく上の、重要な柱となったのである。

二　住吉の祭りと埴使《はにつか》い

祭祀の意義

　神社は、祭祀を執り行なう場である。神の祭りを行なうところに神社の本質があるといえる。戦後、占領軍の指令によって、神社も宗教法人となり、仏教やキリスト教、その他の宗教と同じように、社会教化ということが神社神道の大きな課題となったが、元来、神社の本質は祭祀を行なうところにあった。

　太古以来日本民族がこの列島に住みつき、むらとか郷とか、くにという共同体を形成し、やがて日本国家の成立をみたが、その共同体の共通のねがいを神々に祈って、祭りの手振りとした。この太古以来の伝統に従って古儀をまもり、祭祀を行なうことは、われわれのいのちの根を養なうことにほかならない。

　しかし、一口に古来の伝統によって祭祀を行なうというが、古儀をまもることは決してたやすいわけではない。ともすれば現実の便宜主義に流されて崩れるおそれがある。時代の変遷、社会環境の変化によって祭祀の形態も大きく変らざるを得ないことも少くない。古い伝統のある儀式も、その意味が解されないために、時代にそぐわないとか、経費がかかるとかの理由で、廃止されてしまったものも各地で見聞きする。一たん失なわれた祭祀は復活することは容易ではない。

住吉大社の祭祀

住吉大社の祭祀は、年頭の元旦祭をはじめ、全国の神社が何れも行なっている紀元祭（二月十一日、建国記念日）、明治祭（十一月三日、文化の日）、天長祭（十二月二十三日、天皇誕生日）等の国の祝日の祭儀のほか、毎月朔日、十五日あるいは卯之日の月次祭等、本社、摂末社あわせて百三十数度におよぶ祭典、神事がある。その中には、住吉大社だけの独特の神事があり、千数百年にわたって古儀がまもられ、伝承されてきたことは貴く有難いことといわねばならない。その蔭には歴代神主（宮司）をはじめ、神職社人の並々ならぬ努力があり、また崇敬者の厚い信仰がそれを支えてきたのである。

まず年頭の行事からみてみよう。若水の儀・元旦祭・元始祭等の他社にも行なわれる祭典は別として特殊神事のみ挙げることにする。一月四日踏歌《とうか》神事、七日白馬《あおうま》神事、十三日御結鎮《みけち》神事がある。初春の祝《ほ》ぎごとであり、一年の予祝行事といえるだろう。

踏歌神事

初詣の人波が三か日間続いたあと、なおもお詣りで賑わう一月四日、踏歌神事が行なわれる。まず午後一時ころ第一本宮にて斎主祝詞奏上の後、直垂着用の所役二人が斎庭に出て、小餅を入れた袋を持った所役は社前およそ一〇メートルほど離れた位置に第一本宮に向って立ち、梅の楉《ずはえ》を持った所役は、拝殿より斎庭に降りたところでこれに向い、「ふくろもちー」と呼びかける。袋持の所役は「おーともよー」とこたえて、各三歩ずつ歩む。かくすること三度、

現在の踏歌神事

『住吉名勝図会』にみる踏歌神事

神楽女による白拍子舞

両所役は互に行き違ってその位置を換え、袋持は神前に進んで袋の中の小餅を取り出し、「ひ・ふ・み・よ・ご・と」とかぞえながら案上に献げ、つづいて「万歳楽」と三度唱え、拝礼して、退く、ついで神楽女による白拍子舞（一人）熊野舞（六人）を奏し、おわって「福の餅」を撒く、この餅を授かると幸運を得るという。

この踏歌神事は寛政年間までは夜間に行なわれていたもので『住吉名勝図会』（寛政六年開板）によれば、四日戌の刻（午後八時）総官・権官並びに氏人が一の神殿に参殿して幣殿に着坐、楽人は拍子・笙・篳篥・笛・大拍子等を持って中門に並び、雙調を吹奏し、言吹が神前を練り廻ること三度、この間言吹（ごんすい・ことぶき）以下の者が神前で舞を舞い、これが終って祝詞を奏し、言吹は袋持を召し、袋持は餅を取り出して数を読みおわって退出する。ついで両官以下楽人一同は神宮寺にいたり、万歳楽・延喜楽を奏した。『諸神事次第記』に記されているところも、右の『住吉名勝図会』とほぼ変りない。ただ練童二人、練男二十人が参加することになっている。『諸神事次第記』は、文永年中の人津守棟国が記しとどめたものであるから、住吉の踏歌神事は、中世、近世を通じてほぼ変りなく行なわれていたことになる。明治維新に際してこうした特殊神事はかなり変化したが、踏歌神事も略式となり、夜間の行事は昼間となって、現在では午後一時より行なっているのである。

宮廷の踏歌節会

「踏歌」は、古くは「アラレバシリ」と訓《よ》み、平安時代の宮廷年中行事の次第を大江匡房が記した『江家次第』には

正月十五、六日、月明時京中子女踏歌云々

とみえ、天武天皇三年正月に天皇大極殿に出御、これを行なわせられたに始まるという。『日本書紀』では、持統天皇七年正月の条が初見で、正月十六日「漢人等、踏歌奏《つかまつ》る」とあり、八年正月十七日の条にも同様の記事がみえる。漢人とは、東漢氏ら帰化系氏族である。その時の所作はどのようなものか明らかでないが元来は唐から伝えられた行事で、平安時代には、「踏歌節会《せちえ》」と称して盛んに行なわれ、男踏歌と女踏歌の二儀があった。

唐では、正月十五、六日の夜、都中に多くの灯輪を飾り、多勢の宮女が美しく着飾って、手を連ねて舞い、地を踏んで歓楽し、宮廷の盛儀を誇り、帝王の徳をたたえ、その長久を祈ったものという。わが国では、女踏歌にその性格がうけつがれ、平安時代の末まで続いたようである。こ

白馬神事

れに対して男踏歌は催馬楽をうたい、言吹(ごんすい・ことぶき)が寿詞を奏し、袋持が袋の中の餅を数えたりするもので、豊作の予祝の意味があった。もともとわが国で行なわれた農耕の予祝行事が唐の踏歌によって潤色せられたものであろうということである。

春の始めに大地を踏んで土地の精霊を鎮め、除厄と招福を神に祈ったものとみられる。

男踏歌は、宮廷では平安時代中期には廃絶してしまったが、当社のほか、熱田神宮や石清水八幡宮、宗像大社その他において神事として伝承されたが、今日伝わるのは熱田神宮と当社だけのようである。宮廷の儀式が諸国の大社に伝えられている例は少くないが、踏歌神事もその一つで、わずかながらかつて宮廷で行なわれていた男踏歌の片鱗をうかがうことができる。

白馬神事

宮廷の行事が大社に伝わったものに、白馬《あおうま》節会がある。当社では、一月七日、白馬《あおうま》神事と称して、奉行の神人二人が神馬に附添い、第一本宮の斎庭に出て斎主祝詞奏上の後、神馬舎人が神馬の口をとって拝礼、つぎに第二、第三、第四各本宮を拝し、第一本宮の周囲を駈け廻ること三度、さらに四本宮の外周を一周して第一本宮に至って拝礼退出する。

『住吉名勝図会』にみる白馬神事

『住吉名勝図会』では、辰の刻より始まって正禰宜祝詞を奏し、神馬を牽き廻した後、五所御前に参り祝詞を奏上、饗膳の式あって退出し、巳の刻馬四疋（内一疋は川原毛）、青摺の狩衣を着けた禰利男十人が弓矢を持って参列した。五所御前というのは、第一本宮の南に瑞籬を隔てたところに石の玉垣をめぐらした中に杉の木が立ち、「高天原」とも称する。神功皇后が住吉大神をはじめて斎い祀ったところと伝えることは先に記した。元来神馬は、神の依り坐しとなるものとされ、ここに参るのは住吉大神の神霊が神馬に依りつくものとしたのではないかと思われる。

白馬節会の起源は明らかでない。文献の上では『文徳天皇実録』に、仁寿二年（八五二）十月、天皇豊楽院に幸して、青馬を御覧になり陽気を助けたとのことが記されている。馬は陽の獣類で、アオ馬の眼は碧色であり、碧緑は春の気を湛えるから、いつの頃からか正月七日にアオ馬を見れば年中邪気を除くという信仰が生じたのであろう。白馬をことさら「アオウマ」という理由も不明であるが、『万葉集』には、天平宝字二年（七五八）正月七日に侍宴あり、その侍宴のために詠んだ大伴家持の歌に

水鳥の鴨の羽の色の青馬をけふ見る人は限りなしと云ふ（四四九四）

とあるから、奈良時代にも正月七日に青馬を見ることが初春の宮中恒例の儀式であったことがわかる。ただし青馬は、何時の頃からか白馬にかえられたが、呼ぶには「アオウマ」のままをのこされたのであろう。『中右記』によると、永久二年（一一一四）十二月十七日の条には白河法皇が住吉大社の遷宮に際し、神宝使を発遣されたが、この時、白毛の神馬をご覧になった記事がみえる。この神馬は住吉大社に奉納された。

なお住吉大社の神馬は、古来、全身真白の足の爪まで白い馬（サメ馬）で、田辺に厩舎がおかれ、毎朝田辺より住吉まで牽いてきて神馬舎につなぎ、夕刻にはまた田辺につれ帰って養った。またこのような白馬は非常に珍しいものだが、丹後の国に生じ、不思議なことに神馬の退落する前にはかならずどこかで新しい白馬が生まれ、かつて途絶えたことはないという。

現行の御結鎮神事

『住吉名勝図会』にみる御結鎮神事

一月十三日、第一本宮にて祭典、饗膳ののち、境内南広場の特設射場にて、神職による射礼があり、続いて大阪府弓道連盟が奉仕して、古式による弓十番を行なう。

御結鎮神事

これを御結鎮《みけち》神事という。津守棟国の『諸神事次第記』には、巳の刻、両官以下上客殿に着坐して神酒をうけた後、若宮八幡宮の前に並びたち、次に第一本宮に参殿、神供の後、神宮寺の社僧による御講があり、おわって上客殿に退き菓子等が出た上、政所目代の呼出に応じて射手が出て弓をはじめるが、この時南門の側で酒、並びに華劈をうける。弓十番賭弓三度、おわって弓箭を両官にすすめ、上客殿にかえって酒五献をうけ退出することになっている。『住吉名勝図会』の記すところもほぼ変りないから、中世・近世を通じて同様に行なわれていたものと思われるが、延宝八年(一六八〇)開板の『難波鑑』には、「住吉御弓、壱月十三日」と題して、

今日昼頃より神主一族、禰宜出仕して、南の拝殿にをいて饗膳し、おはりて、其後的場に下りて、二人づつ、かはり〴〵に弓を射る。其義式委細也。むかしは大社御狩の神事とて、神子男の形となりて、弓箭を持て、狩場を出る体の義式ありと旧記に見えたり。是等のこと今は中絶せるか尋べし。

としているから、かつては「御狩神事」といったことになるが、じつは『諸神事次第記』には、正月十日に「広田御狩」としておこなわれたことを記しているのである。それによると十日酉刻「御狩神事」と称して、上客殿で饗膳、巫女舞があり江比須社に御供備進、「浜南北山」に出て御狩をしたことになっている。ところがこれは『松葉大記』の記すところによると近世には退転

して十の中一しかのこらず、巫女が素襖袴を着して男形をして、弓箭を持って狩場の態をなすのを嫌がったともあり、江比須社もその頃は廃絶していた。したがって、『難波鑑』に記すところは、十日の御狩神事と混同したのであろう。

住吉大社では御結鎮神事と御狩神事が、中世には別のものとして執り行なわれたが、全く別のものかというとそうではない。御結鎮神事の起源は明らかではないが、各社で正月十五日前後に行なわれた歩射神事、御狩神事と類似の行事であり、元来は軌を一にするものであろう。神功皇后の故事に因むというのは、もとより後世の附会である。

『江家次第』によれば、正月十七日に、建礼門前に七丈幄をたてて射礼を行なったことがみえ、『延喜兵庫寮式』には、その式場に「烏羅十二旒阿礼幡十二旒」をたてたとある。阿礼幡というのは、もとは榊に帛をとり懸けたものを阿礼木と称し、神の依り代としたが、やがて祭礼の日のいはたやのぼりとなっていく姿をみせている。つまり神が降臨せられるための依り代としたのである。御狩神事で巫女が男形をして狩場の態をなすのも、神が顕現されて狩を行なわれる姿をみせたのであり、御結鎮神事で、射手が南門の側で酒と華髣をうけ、これをつけるのは、やはり神威を身に体し、神の姿を示現するものであった。

したがって、御結鎮神事といい、歩射神事、御狩神事というのも、いずれも年のはじめにあたって、偉大な神威をもって、農事に禍いをもたらす悪霊を退散させることを目的として行なわれた、古くからの民俗行事に発し、除魔・招福を祈る行事として宮廷をはじめ各社に行なわれたが、武家の武技による弓術作法も取り入れられ、その弓始めの式と結びついたものであろう。

元来、日本の祭りは、弥生時代以来の稲つくりという生産と生活の中から生れた農耕儀礼に発祥したものが多い、この稲つくりを中心として、農耕儀礼を主宰されて、食国《おすくに》天下の公民《おおみたから》が、生産と生計のもとを樹てるために祭りを行なわれるのが、天皇のおつとめであった。

宮廷の儀式は、そうした稲つくりの民の切なる願いを反映して、豊葦原の瑞穂国とよばれたわが国の生産が、文字通り豊かになることを祈念して、国として行なわれたものであり、律令制の整うとともに儀式も制度化されたが、それが諸国の神社にも伝わって神事ともなった。しかし、元来は村々里々に伝承せられた土俗の民間行事が集大成されて宮廷の儀式ともなったのであるから、いずれが先、いずれが後とも云い難いのである。

祈年祭と新嘗祭

農耕儀礼といえば、全国の神社では、祈年祭（春祭）と新嘗祭（秋祭）はとくに厳修されている。祈年祭というのは、春のはじめに年穀の豊穣を祈る祭りであり、新嘗祭とは、神のみ恵みによって得たところの初穂をまず神に捧げるとともに天皇が親しくお召し上りになる儀である。とくに宮中新嘗祭は、天皇が皇祖天照大神より賜った「斎庭の穂」を召し上られて皇祖の霊威を身に体され、皇祖とご一体となられる御儀である。諸神社でも、それぞれ神主が祭神と一体となって神威を身に体し、神意を奉行するのである。これも太古以来村里々において行なわれた土俗の「にいなめ」の行事に端を発しながら、国家的規模をもって儀式化され制度化されて宮廷でも行なわれ、諸国の神社にも行なわれてきたものである。したがって新嘗祭は、単なる収穫感謝祭ではなく、神のみ恵みによって得た初穂をいただいて、自分も神のみたまを身に体するという重大な意味があった。

畝火山口神社

いまでは普通、祈年祭は二月十七日、新嘗祭は十一月二十三日に行ない、この日、宮中はもとより全国の神社で厳粛な祭典を執り行うが、住吉大社では、宮司以下参籠潔斎の上厳重な祭儀を執行する。とくにこの両祭には、祭日に先だって、祭器の料となる埴土を大和の畝傍山へ採りに行く行事がある。「埴《はに》使《つかい》」といい、恒例の神事となっている。「埴使」とは何か。「埴土」はどんなものか。またそれを何故、大和の畝火山までわざわざ採りに行くのか。

埴使いの謎

新年、新嘗両祭のおよそ十日余り前、住吉大社では、正・副両使、および箱持よりなる一行が、早旦神前を拝して、大和の畝火山西麓にある畝火山口神社に向う。いまは自動車または電車を利用するが、むかしは騎馬であった。ところが、畝火山口神社に到着する前、その西北一・

雲名梯神社

五キロほどの地にある雲名梯《うなで》神社に立寄るのである。雲名梯神社はいまは川俣神社とよぶが、ここでは副使が祭神、事代主命に只今より畝火山の埴土を採りに参りますと、おことわりする意味の祝詞を奏し、正使は参列して玉串を捧げるだけである。雲名梯神社の傍の清流は曽我川で、むかしは曽我川に潔斎して一行は旅装を祭服にあらためた由で、この川を「装束川」といい、社を「装束の宮」とも称した。

雲名梯神社の祭典がおわって、一行は畝火山口神社に至り、正使以下祭典奉仕の上、同社宮司大谷氏の先導で、畝火山頂に登り、古来の聖地で埴土《はにつち》を採る。古法では「榊の葉を口に含み、採取すること三掴半」となっている。埴土は淡墨色米粒状の団粒で、これを小唐櫃に納めて帰社する。以上は現行の「埴使」神事の実際であるが、寛政十年開板の『摂津名所図会』によれば、

埴使。祈年祭又十一月新嘗祭等両度行はる。神人大和国畝火山にいたりて埴をとる。当年初冠せし神人此役を勤む。烏帽子狩衣を着し、祓を修し、馬上行列あり。路次一日にして彼所

にいたる。畝火山口神社は祭神神功皇后なり。山の麓に社司の第宅あり。ここにて装束をあらため、社司と共に祓を修し、彼の山に入って埴を取る。其口口に賢木葉を含み身を清む。中略 土を取る事三掴半。当山に多く賢木あり、埴使これを折て埴の器に添ふる。其翌日住吉にかへりて、天平瓮《あめのひらか》を作り、大神に備へ奉る。祈年祭は二月朔日住吉を出て、二日に帰る。新嘗祭は十一月子日に出て丑日に住吉に帰る。両度ともに平瓮をつくり、神供の祭器とするなり。

とあり、『住吉松葉大記』によっても畝火山に赴く次第を記しており、右と変りなく、したがって、「埴使《はにつかひ》」は、中世・近世を通じて畝火山に埴土を採ったことが知られる。

ところが『住吉大社神代記』には「天平瓮を奉る本記」の項があり、そこには次のように記されている。

大神、昔皇后（神功皇后）に誨《おし》へ奉りて詔《の》り賜はく、「我をば天香山の社の中の埴土《はに》を取り、天平瓮《あめのひらか》八十瓮《やそき》を造作《つく》りて奉斎祀《いはひまつ》れ。又覬覦《みかどかたぶく》る謀《はかりごと》あらむ時にも、此の如く斎祀《いつきまつ》らば、必ず服《まつろ》へむ」と詔り賜ふ。古海人老父に田の蓑・笠・簸を着せ、醜き者として遣して土を取り、斯を以て大神を奉斎祀る。此れ即ち、為賀悉利祝《いかしりのはふり》・古海人等なり。斯に天平瓮《あめのひらか》を造《つく》る。

これによると、住吉大神が神功皇后に詔りして、「覬覦の謀あらん時」すなわち皇統の危機に際して天香山の埴土をとって平瓮を作り、これを住吉大社の斎祀に用うべきこととされ、為賀志利《いかしり》（座摩）の祝《はふり》、古海人老父が使に立ったとされているわけで、住吉大社の「埴使」はこのときに

天　香　山

発祥するといわなければならない。とすると、神代記成立当時天香山に採取したものが、何時の頃からか畝傍山にかわったのか、それとも最初から畝火山に赴いたのか、それならば何故、神代記に天香山の埴土をとることを特記しなければならなかったのか。また現に採取する埴土は特殊な団粒をなしているが、どうしてあのようなものが生成されるのか、さらに、畝火山口神社に赴く途次、ことさらに雲名梯神社に立寄って、それも副使だけが祝詞を奏すのは何故か、思えば数々の謎を秘める「埴使」の神事である。

埴土と祭祀権

しかも『日本書紀』によると、神武天皇の大和平定にあたって、椎根津彦《しいねつひこ》と弟猾《おとうかし》の二人が使となり、弊衣《やぶれぎぬ》および蓑《みの》・笠《かさ》を着て、老爺老婆の姿に身をやつして天香山に潜行し、その埴土をとって帰って八十平瓮・天手抉・厳瓮を作り、これをもって丹生川上で天神地祇の祭祀を行なった、とある。『崇神天皇紀』十年九月の条によれば、天香山の埴土は、「倭国《やまとくに》の物実《ものしろ》」とされていたことがうかがわれる。倭国の物実《ものしろ》は倭国の霊質として、国そのものの生命にかかわるものとされていた意である。こうした点から、当社真弓常忠元禰宜は、『天香山と畝火山』（学生社刊・昭和四十六年）の著に詳細にわたって、「埴使」の謎を解明した。詳しくは同書に譲るが、同氏は「埴使」を古代氏族の祭祀権の問題として捉え、天香山と畝火山をめぐって、中臣氏や蘇我氏のような古代氏族のあらそいの過程を描き、この埴土をもって祭祀を行なうこと、いいかえるなら、埴土の採取権を手に入れることは祭祀権の確保にほかならぬ所以を述べて、天香山なり畝火山なりの埴土がいかに重要な価値があったかを詳述している。同氏が問題を解明する鍵となったのは、雲名梯神社に立寄るところからである。つまり畝火山の埴土を採るには大和土着の勢力であるオオナムチ神系氏族の承認を得る必要があったことを意味したというのである。

畝火山の埴土

真弓氏はまた埴土を分析して、陶土としての価値も高いことを知り、神話が科学的吟味にも堪えることを実証した。神話と史実の接点が、文献に記されているだけでなく、現に生きて伝承せられている住吉大社の「埴使」という神事によって解明され、国史の重要な問題解決の緒ともなり得ることが明らかにされたわけである。

住吉大社に「埴使」の伝承がなく、また伝承されていても、雲名梯神社における奉告のことを欠いているとするならば、埴土による祭祀権の問題は理解しにくいことになり、『日本書紀』や『住吉大社神代記』の所伝も、たんなる一挿話にすぎないものとしてかたづけられてしまったであろう。一社の神事、祭祀をまもることの大切さをいまさらのように痛感するのである。

日本人は、山にも川にも草木にもいのちを認め、そのいのちをたたえて神と仰いだ。土にさえもいのちを認めたのである。埴土の神秘性はいまも変りなく祭祀の用に供せられている。神話は生きており、原始の信仰が科学文明の極度に発達した現代もなお貴重であることを住吉大社に伝承される「埴使」の神事に見出すことができるのである。祭祀の伝承をまもることは民族のいのちをまもる所以でもあろう。

一二　卯之葉神事と舞楽

卯之葉神事

当社の御鎮座は、先に述べたように『帝王編年記』により神功皇后摂政十一年（二一一）辛卯年となっている。もちろん実年代は四世紀の後半に繰下げねばならないが、けっして仮空の物語でないことはさきに述べたとおりである。御鎮座の月日は卯月（四月）上卯日とされ、いま五月上卯日に卯之葉神事といって、神前に卯之葉の玉串を捧げ、「五所御前」にも神供を備えて、卯之葉の玉串を献る。「五所御前」は「高天原」ともいい、神功皇后がはじめて住吉大神をまつったところであることも先に述べた。かつては、神馬と鳳輦とを第一本宮前に寄せ、鹵簿《ろぼ》を整えて西の正門より出て境内の周囲を一周し、第一本宮に還って祭典を行ない、神職は卯の葉（空木《うつき》の小枝）に木綿《ゆう》をつけて狩衣の襟にかざし、また龍神廓から奉仕の卯之葉女がこれを手に捧げて神幸に供奉したというが、いまは神幸も卯之葉女の奉仕もなく、型通りの祭典を行ない、通常の榊の玉串にかえて卯の葉の玉串を捧げるにすぎないが、この日「五所御前」に神供を備え、玉串を献ることはじつは大切な古儀を秘めているのである。

四月卯《う》之《の》日《ひ》
神事
神人

其三
神馬

津守棟国の『諸神事次第記』によれば、御供備進、幣を取って四度拝を行ない、禰宜が祝詞を奏している間、神馬四疋を引廻すこと三度、つぎに神宝等を取出して神殿の御戸を閉じ、両官は退出、二の御殿に参じ、御供備進、三四の御殿も同じくし、おわって五所御前に参じ、権禰宜が祝詞を奏する。この間に楽所は北中門に参集し五所御前御供おわって両官以下ふたたび神前に参じたとき乱声を発し、神輿一基および神馬を寄せ奉って、北中門を出て境内を一周し、舞台を経て南門より入るが、この時、神輿神馬に木綿を取り付ける。御前に着いて楽を止め、神宝等を納め奉ることが記されている。『住吉名勝図会』もほぼこれと同様に記しているが、ここに南門を入るとき木綿を取りつけるのはちょうど五所御前のあたりである。するとこれは何を意味するのだろうか。

五所御前と御生所

京都の上賀茂神社（賀茂別雷神社）は四月中酉日（いまは五月十二日）御阿礼神《みあれ》事を行なう。本社の北およそ八〇〇〓ほどの位置に御生所《みあれ》を設け、ここより神霊を招き迎えるのである。御生所は四間四方の地を限り、常緑樹で囲った中に榊を立て、さらに休間木《やすまぎ》といって、四間の松丸太の尖端に榊をとりつけたものを二本前方斜上に突出す。神事は、御生所に降臨された神霊を五本の阿礼木（御榊）に遷霊して本社社頭に神幸し、所定の位置に立てるもので、古くは、御生所の中に立った榊（阿礼木）を曳いたものであった。遷霊は阿礼木に木綿《ゆう》を取り付けることと、御生所の前の盛砂を三回廻ることによってなされるものとされている。この御阿礼神事は、要するに賀茂神の顕現を意味するのであり、毎年々々行なわれるのは神霊の

五所御前

よみがえり、神威の更新を意味するものとされている。また、下鴨社（賀茂御祖神社）では、御蔭祭があり、四月午日（現在は五月十二日）神馬を牽いて本社を進発し、御蔭山にいたり、ここでやはり阿礼木に神霊を遷して本社に還る。これも神の顕現を意味する儀であり、神霊のよみがえり更新をあらわすものであった。

　住吉大社の「五所御前」は、先にも述べたとおり石の玉垣で囲い、中に杉の樹が立っているが、神功皇后が始めて住吉大神をまつろうと見通したところ、鷺が三羽きてとまったので、ここが大神の思召にかなうものとして、ここにはじめて奉祀したと伝える。つまり住吉大神顕現の場である。杉はいわゆる神籬《ひもろぎ》といって神霊の依《よ》り坐《ま》しとなるものである。当社の卯之葉神事はこの祭儀の模様から祭すると、上賀茂社の御阿礼《みあれ》神事、下鴨社の御蔭祭と通ずるもののあることに気づく。つまり、五所御前は御阿礼所にほかならず、神輿神馬がこの前を通過するとき、木綿を取りつけたのは、新たな神威が添えられ、神霊の更新がなされたことを意味するものと考えられる。

卯の葉の玉串

それでは、卯の葉の玉串を捧げるのはなぜだろうか、普通、榊に木綿紙垂をとり懸けたものを玉串といい、これを神前に捧げることによって、神に誠心を捧げるしるしと解されているが、本来は、賀茂の阿礼木にみられるように、木綿紙垂を取懸けた榊は、神霊を招き迎える料であり、これを立てることによって、「祭る人」が自らの霊性をこれにこめて、ここに神人融合のしるしとしたものである。

卯の葉の玉串

『住吉松葉大記』に梅園惟朝が元禄頃の神事の模様を記した箇処に、五所御前の御供櫃に櫃葉を入れて置き、両官以下神職は御供備進おわってその各櫃葉一枚を取り一の神殿に参集し、それより神幸が始まることとなっている。櫃葉はおそらく「柏」の誤りかとも記しているから、古くはかならずしも卯の葉ではなかったようである。卯の葉が用いられたのは、卯月卯日の祭りに因んでのことと思われる。『住吉松葉大記』でも「卯日御祭」とし、前記の『難波鑑』も「卯之葉神事」とはいわず「住吉初卯」とし、『住吉名勝図会』『摂津名所図会』等も「卯日祭」「卯ノ日神事」等と記すから、卯之葉神事という名称は比較的新しいことは否めない。

卯の日は古来、吉日とされ、卯の日を祭日とする神社は多い。宮中でも大嘗祭、新嘗祭は卯の日である。春から夏にかかわる時候の変り目であり、農事にさきがけ、卯月卯日のこの日に住吉大神の神霊のよみがえり、神威の顕現を請い奉る祭儀を行なったのは、おそらく太古以来の伝承であろう。年々歳々これを繰返して、「五所御前」すなわち「高天原」から神の降臨を願ったのである。その日が、おのずからご鎮座の日として意識されるようになるのはきわめて自然の成り行きである。

もとより、悠遠の古に属する御鎮座の正確な日までわかるはずがない。しかし、古人は、めでたい日である卯日に祭りを繰返し、この日に大神の顕現を求める儀を実修してきたところから、はじめて皇后が御鎮祭になったのもこの日であると確信したのである。といって、神功皇后摂政十一辛卯年卯月卯日というのが、仮空の想定ではない。かく伝える伝承の中に、如何に古くよりここに住吉大社が鎮座したかがわかるのであり、年々歳々祭りを繰返してきた古人の心理的な真実があるといえるだろう。われわれは、その真否を問うよりも、伝承を忠実にまもって、後世に伝えることがむしろ大切なつとめであるといえよう。

住吉の舞楽

卯之葉神事の日は、祭典につづいて、石舞台で舞楽が演奏される。五月の青葉に彩られた神池にかかる石舞台で、南門の甍を背に演じられる舞楽はまさに一幅の絵である。石舞台は、厳島神社、四天王寺とともに日本三舞台の一に数えられ、南門、楽所とともに豊臣秀頼が奉納したもので、重要文化財に指定されている。

住吉舞楽は独自の伝統をもち、神主自身代々笛・太鼓・箏等を能くしたことは先に述べた通りである。延暦寺講堂供養で獅子太鼓を打った国夏はもとより、経国（四十六代）、国助（四十八代）、国冬（四十九代）等は太鼓を能くし、長盛（四十四代）、政氏は笛に長じ、箏は、神主ではないが一門の有基、宗基等がいた。神主みずから楽芸に長じたほどであるから、一社をあげて舞楽をたしなみ、神事の度ごとに楽を奏したが、室町時代には次第に退転して国久（国量の子）が応永三年（一三九六）山門講堂供養の時、獅子太鼓を打ったのを最後に、その後、名のある者は出ず、ことに永禄・元亀（一五五八〜一五七二）の戦乱の世になっていちじるしく衰えた。ことに文禄三年（一五九四）の太閤検地によって、多くの社領を失ない伶人の離散するものが多く、一社伝統の舞楽はついに絶滅した。しかし、神事に際しては、天王寺の伶人を招請して奏楽し、豊臣秀頼はまた、舞楽装束を奉納し、いまもその衣装が残っており、卯之葉神事にはこれを用いるのである。

石　舞　台

『住吉名勝図会』にみる住吉の舞楽

住吉の舞楽（迦陵頻・卯之葉神事奉納）

重要文化財の舞楽面

舞楽面にも優れた遺品が多く、左の各面は重要文化財に指定されている。その一々について西川杏太郎氏の解説を参考にその重要性をうかがってみよう。

＜綾切《あやきり》＞　永暦二年（一一六一）の年紀と「阿夜岐理」との銘記がある。綾切は舞楽の中でただ一つの女舞で四人一組で舞うが、遺品はきわめて少い中でその四面が現存している。目元は涼しげで、口元は小さく、ふっくらとした優しい美しさがあり、この時代の菩薩像の表情にも似かよう趣きがある。

＜貴徳番子＞　応保三年（一一六三）の銘があり、番子は貴徳鯉口の従者として四人一組で登場する。老貌で眉をしかめ、目玉を突出し、頬骨高く、唇は薄く、目じりや頬に皺を刻む。住吉大社の一面は製作年代の確かめられる貴重な作例である。

舞楽面の綾切

＜秦王＞　正応元年（一二八八）の銘記あり、目をいからせた男の面で、肉が厚く、面奥が浅く、そのモデリングや彩色、とくに眉や髭の毛描きの細緻な描法など能面に一脈通ずる巧みさがあり注目される。現存ただ一つの秦王面の遺例である。なおこの面とともに秦王破陣楽に用いられた帯の飾りとなる「帯喰」一個（正応元年、秦王河伯女《かわめ》の銘あり）と楯五面も

八　乙　女　舞

遺っている。

そのほか「納曽利」「抜頭」（永暦二年銘）「皇仁庭」も重要文化財の指定をうけている。（昭和四十三年四月二十五日・計九面）

これらは文華館に陳列して公開している。毎年の卯之葉神事に際しては、これを用い石舞台で奉納の舞楽を演ずるのである。

八乙女《やおとめ》の神楽　舞楽に関連して、神楽のことにふれておきたい。これこそ、住吉大社の伝統の芸能である。住吉大社では祭典ごとに、あるいは参拝のひとびとの申込みによって行う祈禱に際して必ず奏するのは、白衣に緋の差貫《さしぬき》、舞衣《まいきぬ》を着て、髪には松に鷺のかざしを挿した神楽女《かぐらめ》が舞うお神楽がある。神楽女は八人を定員として、八乙女ともいうが、神降《かみおろし》・大和舞・熊野舞・白拍子・田舞《たまい》の五曲があり、大和舞・熊野舞はそれぞれ初段より五段まであって、曲は同じでも歌詞と手振をやや異にする。また白拍子は一人で舞う。『平家物語』の祇王・祇女、あるいは静御前が舞ったという白拍子は、いまその手振をみることができないが、当社の白拍子舞によって、うかがい識ることができる。これは踏歌神事と松苗神事にだけ神前で奏する。いずれも一般には巫子舞《みこまい》といわれる種類に属し、曲・振・歌詞ともきわめて古い形を遺しており、神降《かみおろし》などは、奈良時代までさかのぼるとさえいわれている。

神楽《かぐら》とは「神座《かみくら》」の意で、神座に神を迎えて行なう鎮魂の神事であるといわれる。鎮魂は招魂《たまふり》ともいい神のみたまを招き迎えて身に振りつけ、体内にしっかりと鎮めるというもので、そのために行なわれた芸能である。古くより民間でも宮廷でも行なわれたが、宮廷の鎮魂祭の本縁を語ったのが天鈿女命《あめのうずめのみこと》が桶を伏せて舞ったという天岩戸神話であった。神楽は要するに神迎えの強力な表現であり、それによって「みたまのふゆ」を祈ろうとしたものであった。言いかえるなら神の影向を現わすのであり、神の姿を示現するものであったわけである。後世に至って、一般には、神慮を慰める芸能と考えられるようになったが、今日でも全国には、本来の意味をのこして行なわれる神楽は数多い。住吉大社の神楽舞は、そうした招魂の原義をみせて、いまも日々神前に奏されている。

一三 「おんだ」と「おはらい」

御田の日

そろそろ夏が近づき、梅雨の晴れ間に暑い夏の日を想わせる陽ざしをうける頃になると、住吉さんの「御田」が訪れる。毎年、六月十四日、境内の田圃に早苗を植えるときに行なう祭りである。御田植神事とよぶが、一般には「御田《おんだ》」と呼び慣わしている。まことにめでたく愉しい、またこよない懐かしさをもって、庶人に親しまれている行事である。

昔は、日を定めず、苗に好い日を卜して行なわれたが、大永八年（一五二八）以後、五月二十八日に行なわれるようになり、明治の改暦とともに六月十四日となった。社伝によると、神功皇后が長門国から植女を召して、御供田を植えつけられたことに始まるといい、植女は堺の乳守に落着いて遊女になったため、代々乳守の遊女が植女を奉仕していたが、明治維新に際して廃絶の危機に遭遇した際、新町廓が伝統を引継いだことにより、以後、新町の芸妓が植女となっている。植女は神前で早苗を受け、御田に至り、替植女に苗を渡して、実際に田に入って植付けをするのは替植女である。

御田代掻

植女戴盃式

この日は早朝より三々五々お詣りする人等が、御田拝観に先立って境内の諸所を巡り、短歌や俳句を詠もうと首をひねっているのも、

石舞台修祓

御田ならではの光景である。歌句の題材にはもってこいの日がらだからである。

華やかな行列

午前十時には、新町より植女や稚児の一行が社頭に参着し、一の鳥居より行列をととのえて神館に参入する。十一時より粉黛・戴盃式といって、神事に参加する資格を得る式がある。その頃になると、耕作を奉仕する地元住吉の農家の人等や、武者行事奉仕の青少年、住吉踊の子等、総勢三百名にのぼる奉仕者が、それぞれ所役の服装を整えて待機し、拝観者は、御田式場の入口に長い列をつくる。

午後一時、宮司以下神職、八乙女（八人の神楽女）、植女（八人）、稚児（八人）その他奉仕者全員、石舞台に列立して修祓を受け、第一本宮に参進、本殿祭の儀となる。宮司祝詞奏上の後、神前に供えられた早苗は、神職の手から植女の一人一人に授けられ、また神水の入った甕が奉耕者の長である太田主に授けられる。やがて第一本宮における祭儀がおわると、一同、行粧を催して御田に渡る。行

御田植神事の本殿祭

列は、御田講々旗を先頭に、供奴、陣鐘太鼓貝吹を含む武者等、楽人、宮司以下神職、八乙女、御稔女《みとしめ》、植女、稚児、奉耕者、替植女、住吉踊の子等の順である。行列は御田の周囲を一周し、それぞれ所定の席に着くが、そのあいだ供奴は大名行列の先払における毛槍や挟箱の受渡しを行ない、武者は陣鐘太鼓法螺貝の音も勇ましく、楽人の奏する笙・篳篥の楽と交錯して、各所役の彩りの華やかさとともに御田のまつり気分は一段と盛り上る。

植女の服装は紋服の上に萠黄生絹の水干をまとい、草綿の造花で飾った萠黄紗張の花笠を被り、花笠の周囲には金銀の蝶が飛び交うものである。

御田は約二十アール（二段歩）あり、

植　女

中央に四間四方の舞台を設けて、西の畔より橋がかりを取付けてあり、あらかじめ飾牛で代掻が行なわれている。

御田式場の儀　御田式場の儀は、まず祭員が中央舞台より御田の修祓を行ない、太田主は神水を御田に注ぎ、次いで植女と替植女が舞台上に進んで早苗の授受を行ない、替植女は御田に降りたつといよいよ植付けが始まる。母なる大地に早乙女たちが挿入する苗には、住吉大神の神威が宿るとは古来の信仰である。植付けをしている間に、舞台と田の畔では次々に行事を行うが、その次第は次の通りである。

先　田舞
次　神田代舞《みとしろまい》
次　風流武者行事
次　棒打合戦
次　田植踊

御田舞台での田舞

御田式場の儀

次　住吉踊

田舞は、当社八乙女が舞う。白衣に緋の差貫、紅のたすきを懸け、頭には金扇に菖蒲の造花をつけた挿頭をいただいて、伶人の奏する鼓・笛・唄にあわせて舞うその手振りは、いたって素朴であり、清楚典雅である。歌詞の一部は『枕草子』に見え、清少納言が賀茂へ詣る途中、田植唄を聴いて記しとどめたところと一致する。平安時代に唄われた歌が、たんに文献の上に記録されているにとどまらず、音声的に今日まで伝承されていることは、まことに貴重であって、これだけでも無形文化財としての価値は十分であるとされている。

次の「神田代舞」は、戦後創作した

神　田　代　舞

武　者　行　列

ものであるが、とき色の小袖、紫ぼかしの差貫をつけ、常盤笠を頂き、舞に入ると竜神の天冠をつけ、白地に卯花・鷺・松を描いた長絹をまとう御稔女（一人）が舞いおさめる。

棒打合戦

田植踊り

住　吉　踊

武者行事は、鍬形の兜に紺糸縅の鎧を着け、黄金造の太刀を佩き、黒塗大高足駄で薙刀を小脇にした侍大将が、日の丸の軍扇をかざして威武を示す所作事があり、ついで、紅白両軍による練込みが行なわれ、続いて陣笠・胴に身を固めた少年等が、数十人、田の畔で樫の六尺棒を打合わす棒打合戦が行なわれる。

田植踊りは、地元農家の早乙女による踊りである。赤いたすきに菅笠をつけた早乙女等が太鼓唄に合わせて踊る。素朴な土の匂いの豊かな手振は御田植らしい情感をそそる。

住吉踊　最後の住吉踊は、昔神功皇后が、西征より凱旋のみぎり、堺七道の浜に上陸したとき土地の人々が寿いで踊ったと伝えるが、稲の虫追い踊りともいい、中世神宮寺の社僧が勧進のためこれを踊って全国を遍歴した。いまは地元の少女等が奉仕しているが、白衣に黒の腰衣、赤い垂れをめぐらせた菅笠を被り、中央で大傘の柄を叩きながら音頭をとるのに合わせて、四人が一組となり心の字に象って踊るのが原型であるが、舞台上で基本の型を踊るとともに田の畔では百数十人が、一団となって踊りながら一周する。

　こうして約二時間、住吉踊が終る頃には、広い御田も見事に植え終って、緑の早苗がそよそよと風にそよぐ。

各地の御田植祭

　豊葦原の瑞穂国《みずほのくに》といったわが国では、年穀の豊穣を祈る神事は、太古以来行なわれてきた。したがって、御田植の祭りは、稲作りの始まりとともに始まったといってよいであろう。それは日本全土におよび、顕著なものは年に三度ある。第一は正月の予祝、第二は二月の耕田・種蒔の折、第三は五・六月頃の実際に田植をおこなうに際してのものである。

　正月の予祝は、実際の田には入らず物真似で行なうもので、大和の大神神社や、神奈川の豊川神社をはじめ全国に多い。耕田・種蒔から、田植・収穫・倉入に至るまでを、物真似と祝言で演じる風もひろく行なわれている。田遊びともいい、東北六県では舞踊化されて田植踊となっている。五・六月の実際の田植に際し、選ばれた田で楽を奏し、歌をうたい舞を舞うことも早くからおこなわれていたことは、『栄花物語』の御裳着の巻の治安三年（一〇二三）五月の条にもでている。鼓・笛・佐々良をはやし、さまざまの舞をし、歌をうたう男ども十人ばかりのでむかく家が、早乙女たちの田植をはやしたと記されている。囃田・花田植・田楽などとよばれているもので、会津の伊佐須美神社をはじめ全国に及んでいる。志摩の伊雑宮の御田植も有名である。

田植に際してこうした音楽を奏し、歌をうたい、各種の芸能を演ずるのは、田やそれに挿入する苗に宿る穀霊の機能を増進して、稲の穂もたわわに稔りの秋を迎えるようにと祈るものである。

文永年中の人、津守棟国の『諸神事次第記』によると、当時の御田植神事は、咒師二座・猿楽三座・田楽僧が参加し、盛大なものであったことがうかがわれる。芸能は、神前における祭典・直会に続いて、まず前庭で行ない、次に御田に渡り、さらに帰遊びといって本宮に帰ってまた行なった。神前では田楽尻巻・僧中風流・本田楽・猿楽風流・咒師二座・翁面三座があり、帰遊びには、東西田楽の寄合伎芸・僧中風流咒師走・猿楽遊戯があった。『住吉松葉大記』の著わされた元禄―正徳の頃は、文永の頃に比べて、三分の一に退転したと、著者梅園惟朝はなげいているが、それでも田楽・練法師・風流等のことが記され、現在もその伝統が承け継がれ、古式をのこしつつ、より洗練された形で行なわれていることは、まことにめでたく、貴重である。この御田植神事は昭和四十六年に国の記録作成等の措置を講ずべき無形文化財として選定され、昭和五十四年、重要無形民俗文化財に指定されている。

稲作りの民の祈り

さて、この御田植神事はもちろん観光対象として行なうのではない。あくまでも豊かな稔りを祈るお祭りである。しかも豊作を祈るのは、ただ収穫を乞い願うのではない。神々の恵みによって得る新穀は神のみたまのこもる稲魂であり、この稲魂をいただく祭りが「にいなめ」であり、秋の「にいなめ」が立派に行ない得ることを祈っての御田植祭であるところが特色である。

おはらい

「おんだ」が済むと、間もなく大阪は夏祭りが始まる。大阪市内では、農村の春・秋の祭りよりも夏祭りが盛んである。夏祭りというのは、炎暑の夏に多い疫病・害虫・風水害を、悪霊・疫神の活動によるものと考えて、悪霊・疫神を鎮める御霊信仰と、旧暦六月晦日の祓の行事が結びつき、無事に夏を越すために主として都会地でさかんな祭りとなったものである。京都の祇園祭や大阪の天神祭等が全国的に有名であるが、住吉祭も、摂河泉の大祭として国の大祓を行なう意味がこめられている。

宝の市神事・御田刈祭

一年を二季に分け、六月・十二月の晦日に親王以下百官が朱雀門に集まり、中臣が祝詞を奏し、卜部が解除を行なうことが大宝令で規定されて以来、大祓は朝廷の重要な年中行事となっていた。伊弉諾尊の禊祓の神話に語られているように元来大祓は心身の清浄を求める日本古来の伝統的な遺風である。宮廷の大祓はそれを儀式として制度化したものであるが、応仁の乱以後、戦国の世に災いされて中絶した。しかし、民間では宮廷の大祓が中絶した後も行なわれており、とくに六月の大祓は夏越祓《なごしのはらい》（名越祓）といって、茅の輪をくぐり、形代（人形）に穢を托して河海に流す行事がひろく行なわれた。

住吉大神が、禊祓の神であることは、伊弉諾尊の禊祓に際して現われた神として語られており、『住吉大社神代記』にも、墨江の大神の出現を「祈禱祓除《いのりはらえ》する縁発《ことのもと》」としているのであり、八十嶋祭が住吉大神を祭祀《まつ》って行なわれた天皇大嘗祭に伴う禊祓の御儀であることは前述の通りである。そして『住吉大社神代記』には

六月の御解除《みはらえ》　開口水門姫神社　和泉の監に在り。

九月の御解除　田蓑嶋姫神社　西成郡に在り。

とあって、六月と九月の「御解除」が奈良時代には恒例化していたことがうかがわれる。

「九月の御解除」については後述するが、田蓑嶋といえば、八十嶋祭の行なわれたところである。これを北祭ともいった。北祭にたいして「六月の御解除」は南祭といい、堺の宿院頓宮に神幸あり、飯匙堀にて「荒和大祓」を行なう。飯匙堀は、海幸山幸神話の山幸彦（ヒコホホデミノミコト）が海神より贈られた塩干珠《しおひるたま》を埋めたところと伝える空池で大雨にも水を貯えない。ここで古儀による祓を修するのである。

たんに「おはらい」というだけで、「荒和大祓」すなわち住吉大社の夏祭、南祭を意味したのである。いまも土地の人たちは、住吉祭のことを「おはらい」とよび、こぞってお詣りし、茅の輪をくぐり、積るツミ・ケガレを祓って清新の気をとりもどすことを祈るのである。

「おはらい」は、宮廷の大祓と同じく、もとは六月晦日に行なわれた。明治以後新暦七月三十一日に夏越大祓とよんで本社で茅の輪くぐりの神事を行ない、八月一日頓宮に神幸の上、荒和大祓を行なう。夏越大祓には、住吉新地の芸妓が、中世の上臈の旅姿に扮して夏越女を奉仕する。

「茅の輪くぐり」は全国各地で行なわれる祓の行儀であるが、葦とか茅には強力な霊威が宿っており、これで作った輪をくぐり、あるいはその葉に息を吹きかけ、身体を撫でることによって身体に附著した諸々のツミ・ケガレは取除かれるとの信仰に基ずくもので、全国にわたるこの遺風は八十嶋祭の故実に徴しても、当社がその発祥と考えられる。

夏越祓神事茅の輪くぐり

頓宮へのお渡り

八月一日には、堺宿院の頓宮に神幸がある。鳳輦・神輿を中心とする騎馬や徒歩の列次で宿院に向い、途中大和川の河中で神輿の受け渡し

現在の鳳輦と船神輿

大和川を渡河する往年の神輿

を行なったが、近年交通事情の変化によって、自動車列をもって代えることになった。暑い夏の盛り、騎馬で悠々と街道を下った頃は、八百貫もの大神輿を舁ぐ若者の「ベーラジャ、ベーラジャ」（住吉では神輿を舁ぐのにワッショイワッショイといわずベーラジャベーラジャといった）の掛声も勇ましく練って歩き、大和川の河中を渡る壮観を拝しようと両岸は数万の人で埋まった。堺に入る頃は夜になり、「お迎え提灯」といっておびただしい提灯を立てて神輿を迎え、列をなして更に街道を頓宮に向った。

近年の交通事情から、やむを得ず自動車列に代えているが、古来の列次のまま、車輛編成として機動性をもたせたまでのことで、本義には変りないが、祭礼の情緒に欠けるところから平成元年㈶住吉名勝保存会奉納になる船形の台に神輿をのせて住吉祭後援会並に宿院頓宮総代会の子供達によって頓宮まで曳くこととなった。しかし、こうした時代による変遷にもかかわらず、千年の伝統を護って「六月の御解除」すなわち「荒和大祓」が、いまも行なわれていることは、民族の伝統的精神が生きている実証に他ならない。

住吉大社の「おはらい」は、古来「祓」すなわち「祭」としての祈りをこめて厳修し続けてきたところで、「荒和大祓」というのは、荒魂と和魂の両面にわたる人の心の曇りを拭い去って、日本人の心の奥底に流れ流れて受継ぎ伝えてきた純一無雑な心に立ちかえることであり、いうまでもなく、明き清き、正しき直き心という神ながらの真心になりきるところに本義があるのである。

大魚夜市

「おはらい」の夜はまた、堺大浜海岸で大魚夜市があった。七月三十一日の夜から、翌八月一日の払暁まで、広い大浜から湊にかけての一帯で、地元堺の漁民はもとより、泉州・紀州・淡路、遠くは播州や四国からも漁民が集ってきて、徹宵大篝火を焚いて、海の幸を声高に競って商なったのである。昔は「蛸の市」ともいって、蛸が多く商なわれた。この季節には、南風《まぜ》が吹いて、大阪湾の蛸がもっとも美味な時であるから、春の桜鯛のように、夏祭には各家毎に「祭蛸」とか「おはらい蛸」といって、食膳に供したものである。

大魚夜市の創始は建久年中と伝え、近海の漁民が海の神、住吉大神の神護によって獲った海の幸を、まず住吉さまの祭日に神饌に供して、その残りを市を立ててひろく販路を求めたのである。

元禄八年の記録によると、漁船五百九十一艘、漁夫一千二百四十五人、問屋三十軒、仲買六百人という数を示している。

この伝統の大魚夜市も、大浜海岸が埋立てられて泉北臨海工業地帯となってから、大浜球場等を利用して何とか継続されたが、すでに堺のみならず大阪湾一円の漁業自体が廃業に追いやられているところが多い上、ヘドロの海と化した大阪湾では、蛸も獲れず、流通機構も、輸送機関もすっかり変り、夜市は中止されたが、昭和五十七年より堺青年会議所によって再興された。

神輿洗神事

「おはらい」には、その前儀ともいうべき神輿洗《みこしあらい》神事がある。七月二十日の夕刻、茅渟の浦（大阪湾）の潮で、神輿を祓い清めるのである。往古は六月十五日の満月の宵、長峡の浦で行なった。この日の潮水を浴びると百病が治るというので、「住吉のお湯」とよび、庶人が群集して、こぞって社前の海水に浴したもので、海水浴の嚆矢というべきであろう。海岸が遠ざかるにしたがって祭場も遠ざかり、いまはこれも自動車列で南港に至り、ここで茅渟浦にて汲んだ潮水で神輿の修祓を行ない、また大阪湾の海上安全祭を斎行の上、住吉公園西の高燈籠まで還り、一夜奉安して二十一日の夕刻、本社に還輿、「おはらい」の当日を待つことになる。

九月の御解除

南祭にあたる「六月の御解除《みはらえ》」は、いま「おはらい」、あるいは「住吉祭」とよんで盛大におこなわれるが、北祭、つまり「九月の御解除」はどうなったのであろうか。『住吉大社神代記』では、田蓑嶋姫神社とあり、現在、西淀川区佃町一丁目に鎮座の田蓑神社の位置である。ここでは、先に述べた八十嶋祭が行なわれた。北祭は、八十嶋祭と関係があるのではないだろうか。しかし八十嶋祭の祭場が、処々を転々としたと同様に、北祭の祭場も各地を移りかわったようである。大阪湾の陸地化がすすむにともなって、難波の八十嶋は丘となり、平地となって、祓の祭場とする海浜がなくなっていったことによるのであろう。

中世以来は、大海神社の西に「玉出嶋祓所」を設けて、ここに九月晦日、「玉出嶋御祓」といって、各本宮に御供備進の上、五所御前に参り、神輿一基と神馬が、玉出嶋屯宮にいたり、祓を修する儀があった。いまでは絶えているが、蜀山人の「芦の若葉」に「住吉祭」として社参した記事のあるのがこれである。『住吉松葉大記』には、この神事が六月の大祓に対するものの如し、としているから、『神代記』にいう「九月の御解除」はこれであろう。

盛大だった相撲会

また九月晦日の御祓とは別に九月十三日にも神幸があった。とくに相撲会とよび、相撲十三番が行なわれた。

『諸神事次第記』によると、金蓋四本、神輿四基、神馬を神前に寄せ、神霊をお遷しした後、行列を整えて西門を出、反橋を渡り、北へ折れて、玉出嶋屯宮にいたる。ここで、競馬乗尻等左右に分れて「標山」を馳廻り、巫女が舞台に登って舞を納めた上で献饌、奉幣を行なう。このとき、斎童が西向に着座する。舞楽、饗膳等もあり、競馬十番を行なう。このあとまた舞楽があったり菓子が出たりして相撲十三番（うち三番は童相撲）があって、さらに舞楽があり一神殿に還御になる。寅の刻（午前四時）にはじまって、終るのは戌の刻（午後八時）とあるから、ずいぶん大きな式であった。

梅園惟朝は『住吉松葉大記』に、住吉年中行事中今日の「相撲会」ほど壮麗盛大なものはなく、むかしは勅使が参向して、神事を行ない勅使仮屋の礎石八基が今ものこっている、そして、その古蹟の間を逍遙し、往古の神徳を偲んで、当時の衰退を悲しみ慨嘆している。ただし、棟国の記すところにも勅使の宣命講読のこと、および、勅使の饗膳はなく、ただ禰宜が宣命を進めることを書くのみであるから、鎌倉時代中期には、すでに勅使の参向は中絶していたのであろう。

『住吉名勝図会』にみる相撲会

「相撲会」はまた「財市」(宝の市)と名づけ、神功皇后が三韓貢物をもって市を立てたに始まるといい、相撲十番は三韓退治を表わすという。もとより後世の附会であろうが『住吉名勝図会』には、辰尅(午前八時)両官以下本社に参り、巾蓋五本、神輿四基、神馬を寄せ奉り、競馬二十騎が左右にわかれて先行し、屯宮に至り、標山を駈廻る等、『諸神事次第記』とほぼ同じ様式で行なわれていたことを記している。近世にはかなり略されていたようであるが、この日、市が立って升が売られ「升の市」とも称したことは先にも記したとおりで、芭蕉が社参したのもこの日である。

ところがここに注意すべきことは『諸神事次第記』に「標山」とみえるもので、「標、木を立てて表と為す」と注しているが、これは、大嘗祭に北野の斎場から大嘗宮まで曳いてきた「標山」を思わせる。「標山」は「シメノヤマ」または「シルシノヤマ」と訓《よ》み樹木をもって神の依《よ》り坐《まし》としたもので、例の阿礼木《あれぎ》と同様である。大嘗宮の「標山」も、元来は榊であったが、後にはいろいろ飾付けをした飾物となり、これに車を付けたのが、祇園祭の鉾や山となり、近世の祭礼にみられる山車ともなった。つまり、標山は神の顕現のしるしであり、依り坐しとなるものである。この周囲を駈け廻るのは、神霊の憑依を求めるものである。神話に、イザナギ・イザナミ二柱の神が天の御柱を廻られたというのは、こうした神事の投影であろう。

標山

また、斎童が参加するが、斎童は穢《けがれ》のない少年で、神職の子弟中より選ばれ、その職にある間は家人とも別火をもって調理したものを食べ、神事に際しては神官とともに内陣に入って、ご神座の傍にはべった。神幸には、神輿に供奉し、神の言葉をうけたまわって、神語を伝えたというもので、中世にはまだ、古い時代の遺制が存したとみえる。

「宝之市」の意味

これらの古儀は近世にはもうすたれ、もっぱら、「宝の市」という賑わいがのこった。しかし、この日の祭りを「宝の市」といい、升が多く売られて「升の市」ともいったということは、祭祀の本旨をよくあらわしていると思う。「宝の市」は、文字どおり、神のみ恵みによって得た「お宝」、つまり天職を奉行して稲作りにはげんだ結果、収穫した米をはじめとするいろいろの生産物を、まず神のみ前に展陳し、残りを庶人に頒つ古来の祭祀の本旨がそのまま具現しているように思われる。

「升の市」といい、升を頒ったというところにも、その意が如実に現われている。升は物の量を計る器であることはいうまでもない。物産の数々を升に盛って、こぞって神前に捧げ、ご神威により、労《いたず》き励んだ結果、このように生産することができましたと奉告するのである。升に盛るのは通常五穀であり、酒である。日本の祭祀は、農を主とするくらしの仕組の中で成立し、生産と生計を根本に据えていることはこれによってもわかるだろう。

近代の「宝の市」　玉出嶋の祓所は明治七年取払われ、松島に行宮が造立された。「宝之市神事」も「九月の御祓」も明治五年官社の制が施かれて以来、廃絶していたのである。かわって松島の屯宮へ神幸することになった。しかし明治十七年には、これも中絶した。明治三十年十月十七日、大阪築港の起工式があり、この時知事西村捨三翁が、築港の成就をとくに古来の海上安全守護の住吉大神に祈願したところ、松原の路傍より、「禁裡御祈禱所」の石標を見出したので、これを住吉公園西の松原に建て、明治三十一年より廃《すた》れた「宝之市神事」を復興し、十月十七、十八、十九日に行なうことにした。神輿の渡御があり、南地五花街の芸妓の奉仕による「市女」が五穀を升に入れて供進し、斎女が紅白の糸環を奉り、稚児が絹布を奉ったものである。

北祭の再興

一方、築港は明治三十六年に竣工をみたので、それを記念して五月十五日海上を渡御、築港桟橋に上陸、松島行宮に神幸、十六日駐輦、十七日還幸の行事が盛大に行なわれた。また船舶の出入が頻繁となるに従って、四十二年より九月十五日住吉浦より回航して築港桟橋に上陸し、松島の行宮に向うという海陸にまたがる神事を行なうことになった。これが、いわゆる「北祭」で、きわめて盛大に行なわれたが、海陸にわたる渡御は、莫大な経費を要する上、住吉浦も年をおって海岸線が遠ざかり、往年の景観も失なわれ、海上渡御の状を拝観するすべもなくなった故もあって、大正四年で廃絶した。

港住吉神社

港住吉神社

築港には、かねて天保山に目印山住吉神社があり、明治維新以来、当社の管理するところとなっていたが、大正六年現在地（港区築港一丁目）に遷祀し、境外末社港住吉神社となった。戦災により、社殿は全焼したが、地元海運業者をはじめ、崇敬者の絶大な協力によって復興し、瀟洒な鉄筋コンクリート造りの社殿、社務所を有し、大阪港に出入する船舶の守神として、港一円の崇敬をあつめている。この港住吉神社の例祭は、七月十五日に行なうが、上述のような変遷に鑑みていうなら、「北祭」ということになろうか。

このように、時代によって、変遷があることもやむを得ない面がある。しかし形態は変り、様式は異っても、まもるべきものはまもり、整えるべきものは整えるところに祭祀の伝統は維持せられていく。

現在、「宝之市神事」は、十月十七日、本宮にて祭典を行ない、相撲会と称した往古の例にならい、この日に近い日曜日に、全国高等学校相撲大会を開催して、由緒を維持している。

一四　縦ならびの本殿

——住吉造と遷宮——

住吉大社の社殿配置と船玉社

住吉大社の本殿四棟が西面して縦ならびになっていることや（17頁の図参照）、このような社殿配置と祭神の関係は先に述べたが（第四章「住吉大社の鎮祭」）、なお注意すべきは、第一本宮の南側に瑞垣を隔てて「五所御前《ごしょごぜん》」のあることである。「五所御前」とは、「みあれ」すなわち神の顕現をはかる祭場にほかならないことも先に述べたが、しかも、この「五所御前」と第四本宮を結ぶ延長線上にかつては船玉社が鎮座した。

船玉社は現在、神館の前庭に位置するが、これは昭和四十五年に瑞垣内の境域拡張のため遷祀したもので、旧地は第四本宮正面の籬垣外に西面して鎮斎されていた。この位置は、神功皇后をまつる第四本宮を通して「五所御前」を拝する関係位置にあり、船玉社が神功皇后を通して住吉大社をまつる「祭る神」であったことを示すものといえる。

『住吉大社神代記』冒頭の本殿四宮の祭神を示す記事の中、第四本宮のところには、注して、

第四本宮　姫神宮。御名。気息帯長足姫皇后宮。奉斎神主津守宿祢氏人者。元手搓足尼後。

とあって、第四宮を姫神宮とするが、ここに「津守宿祢云々」と併記している。

神功皇后は「吾は御大神と共に相住まむ」と詔り賜いてお宮を定められたとするのであるから、三神を「祭る神」としてここに斎み籠られたと拝することができるのであって、斎女《いつきめ》・阿礼乎止女《あれおとめ》・斎王らと同様の住吉大神をまつる「祭る人」の立場から手搓足尼《たもみのすくね》によって奉祀される「祭られる神」となられたのであるが、住吉三神にたいしては、みずから「祭る神」の立場をとられたのである。したがって住吉三神を「祭る神」は、第四本宮に坐《ま》す「祭られる神」神功皇后であり、皇后をも祭ったのが手搓足尼という図式となる。『神代記』に第四宮を注して「姫神宮」とし、ここに「奉斎神主」を併記しているのは、右の事情を反映している。

神功皇后は、住吉三神には「五所御前」にアレ出で坐《ま》す大神の依《よ》り坐《ま》しとなるべく斎《い》み籠《こも》られた。「五所御前」を御生所《みあれしよ》として、杉の樹に降臨せられた住吉三神は第一、第二、第三の各本宮に招《お》ぎ迎えて奉斎した。

しかして五所御前と第四本宮を結ぶ延長線上に鎮斎される船玉社は「紀氏神・志麻神・静火神・伊達神の本社なり」としているのである。これらの神々は紀北の在地勢力を意味し、神功皇后の西遷に功労あったものと察せられるが、ここに参じて住吉大神の顕現を願ったのであり、船玉社はこれらの神々によって「祭られる神」であったことを意味する。しかして、住吉大神の「ミアレ」すなわち顕斎がなされた社にほかならず、ミアレの御魂であるから、荒御魂《あらみたま》ということになる。

雪の住吉大社　第三本宮より第一本宮を望む

海上を行く「四つの船」

このような縦ならびの社殿配置を、近世以来、「三社すすむは魚鱗の備え、一社ひらくは鶴翼の構えで、八陣の法を表わす」といった表現で、理由づけがなされてきた。そのような軍陣の構えにたとえるのは、もちろん後世の附会であるが、寸分の隙もない配列の構想は、たしかに軍船の進む状をみるここちがする。写真集『住吉』に菊竹清訓氏が寄せられた一文の表現をかりるならば、

> あたかも三雙の箱船が、海上を航行するかのように、ほとんど同じ規模の神殿が一つの軸線の上にピタッと並んで、浮かんでいるかにみえる境域のたたずまいは、訪れるものに異様な緊張感を、まずあたえずにはおかない、すさまじい一種の迫力がある。

と、海上を行く箱船を連想して、その緊張感を描き、荒れ狂わないまでも、いつシケだすか見当も

住吉大社　第三・第四本宮

つかない不気味さを秘めて、それでいて、古代文化の交流と、全生活を支えてきた海の、その海に真一文字に、たちむかい、乗りおおせてみせるという気迫が、みちあふれて、神殿をみていると古代人の執念が、メフメラと燃えたつようにさえ思われてくる。

境内の、社殿配列の構想というようなものを忘れさせ、三つの配置の、このひたむきな方向感は、ただひたすら緊張をしぼりあげ、高めてゆくのである。

神殿の目指す方向は、落日の映える瀬戸内海にむかっており、真西であり、西の国へである。

高い文化、あこがれと、願望をみたしてくれる未来の国であり、祖先のすむという過去の国、西にむけて、三つの神船はひとつづきになって進んでいくかのようだ。

これは均衡をもった静寂にしずまりかえる配置より、動的な緊張感をもつことによって、いっそう魂をゆさぶる強い配置であって、心にナマに迫ってくる構想に他ならない。

と記されているが、おそらく古人は、巧まずして、こうした現代のわれわれにも強く訴えるもの

住吉造本殿第二本宮の背面

のあるのを覚えさせるような、迫力ある社殿配置を成しとげたのであろう。

それは、一殿一殿が、また素晴らしい直線美の造形をもつ「住吉造」によって一層きわだたせている。朱と白と黒の三元色に黄金の金具を点配した簡明直截な妻入式切妻造の「住吉造」本殿は、悠然と千木高く鎮って、まさしく千年の理想信仰を明白に造形し、雄渾な日本民族先人の気迫を感じさせるのである。菊竹氏が箱船といったそれは、じつは遣唐船の姿を彷彿《ほうふつ》させるものである。遣唐船は四艘一組で渡航したので「四つの船」ともよばれた。住吉四宮の数をふまえていたのかもしれない。さきに述べたとおり、住吉の津は大陸文化の門戸であり、遣唐船はここより発着した。

……住吉の　御津に船乗り　直渡り　日の入る国に　遣はさる　わが背の君を　懸けまくの
ゆゆし畏き　住吉の　わが大御神　……（万葉集四二四五）

と、住吉大神に海上無事を祈って、ここから船出して行った遣唐使らの理想と祈りをここにみるような気がするのである。

後述するが、文献にみえる初度の遷宮が遣唐船の盛んに出航した天平勝宝の頃であり、朱塗の社殿は、輸入文化と無縁ではないであろう。しかし「住吉造」本殿を振り仰ぐとき、大陸文化の影響のようなものはほとんど感じさせない。純粋な日本的感覚に圧倒されるものがある。構造の架構体は朱に、壁体を白に塗りわけていて、その対比が緊迫感をいっそうもり上げているが、軒から屋根にかけての直線形の垂木・破風等すべて簡明率直で、檜皮葺の屋根は豪快であり、なまじな小手先の技巧や装飾はよせつけない。これは埴輪にみられるような素朴さから、発達しつつ、一切の装飾的要素を払い捨ててぎりぎりの生命そのものを表現した日本の、天平の造形ではないだろうか。

本　殿　側　面

住吉造

「住吉造」は、伊勢神宮の「神明造」や、出雲大社の「大社造」と並ぶ神社建築史上、最古の様式の一つである。大嘗祭の悠紀《ゆき》・主基《すき》両殿の様式と通じ、元来は穀倉であったとする説もあるが、その建築様式の細部を古代建築の権威である福山敏男博士の説明によって紹介しよう。

平面の形と大きさは四殿とも同じで、側面は四間、背

住吉大社本殿正面

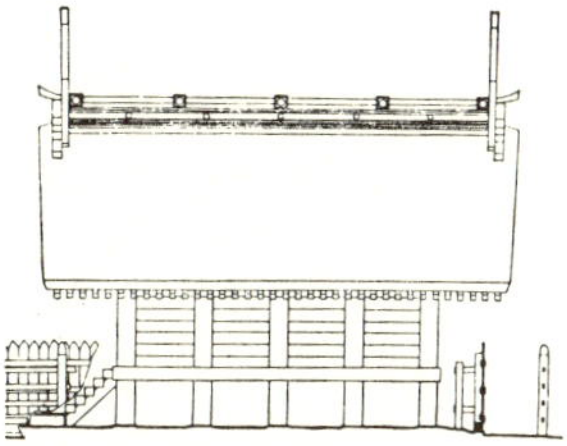

住吉大社本殿側面

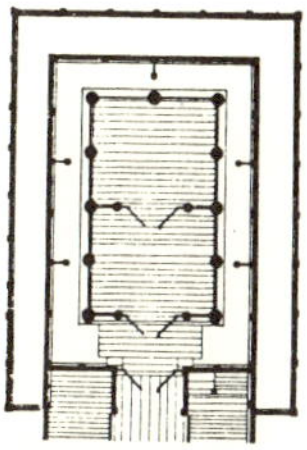

住吉大社本殿平面

面は二間、柱は太い丸柱で礎石の上に立ち、柱間は横板張りの羽目板壁となっている。正面では外開きの板扉二枚がとりつけてあり、普通の神社と違って縁のないのが古風である。

殿内は、両側面の中央の柱を結ぶ線に板壁の間仕切りがあり、ここにも中央に外開きの板扉がつくってあり、それより奥が内陣、前が外陣となる。

両側面の柱の上に桁をわたし、その上に梁をかけ、梁の上に扠首を組み、棟木を受ける。棟木から桁に垂木をかけ、前後両妻に破風板をとりつけ、棟木と桁の木口に楯をさかさまにしたような懸魚《けぎょ》をつけている。懸魚の釘かくしの金銅金物は、開いた花の形をしている。屋根は切妻造、檜皮葺で、屋頂は板を組んで作った箱棟とし、四角な堅魚木を五本ならべ、箱棟をまたいで、両端の鬼瓦にくっつけて置千木《おきちぎ》を組む。千木の両端は、垂直に切られているが、第四本宮だけは水平である。

各本殿の前面には、階段のすぐ前に一間の板葺の門があり、外開きの扉がつけてある。金扉とよび、黒漆の上に金箔を押し、表がわに彩色して松に鷺の絵を描く。この門の左右から本殿の軒下を、側面より背面にわたって瑞垣がとりまき、瑞垣門のすぐ前に木造角柱の鳥居がある。これが「住吉鳥居」で、いまでは瑞垣門と同様に渡殿の屋根の下に入り、そのため玉垣は渡殿の外がわで終っているが、本来は玉垣についた鳥居であった。玉垣は鳥居の左右の延長線よりはじまって、瑞垣の外に沿って本殿をとりまく。二㍍間隔に掘立にした角柱の間に上下四通の貫を渡したものである。

渡殿の前に横長の拝殿がつくられているが、本殿とはまったく異質のもので、近世の初めに新しく付け加えられたものである。明治以前は幣殿といった。正面は第一本宮のみ五間、他は三間、側面はいずれも二間、檜皮葺、切妻造で、正面に千鳥破風を構え、その前に軒唐破風をつけ、割拝殿形式をとり、中央の間馬道《めどう》は床板を低く張って渡殿と同じ高さにしている。桃山時代の作という大津の円城寺円満院の宸殿床の間の貼り付けに描かれた住吉社頭の絵には、第一本宮のみ幣殿を描いているが、二、三、四本宮は本殿のみであるから、第一本宮は室町時代の終りにつけられたが、他は桃山時代以後のことであろう。

現在の社殿は文化七年（一八一〇）の造営にかかるものであるが、奈良時代以前の建築様式が今日まで伝えられていることにより、四本宮とも本殿は国宝に指定（昭和二十八年）されている。

社殿の創建

このような「住吉造」本殿がはじめて創建されたのは何時頃のことであろうか。悠遠の太古にわたる御鎮座の当初は、賢木を樹てて神霊を招き迎えるという、いわゆる「神籬《ひもろぎ》祭祀」の形であったろう。卯之葉神事に卯の葉の玉串を献げる「五所御前」が、その名残である。それが神殿を設けて神の常在を請うようになったのは何時頃のことか。詳しくはわからないが、伊勢神宮において天武天皇の思召によって二十年に一度の遷宮の制が定められ、持統天皇二年（六九〇）第一回の遷宮が行なわれているのであるから、この頃には社殿を設けることが一般化していたのであろう。住吉大社の場合は、『神代記』に第一宮から第四宮までを記し、「御神殿装束」として、各四座分の記載があり、しかもそこには、

生絹壁代四条　長各六丈三尺 五幅

生絹幌八条　長各七尺 四幅、在ㇾ裏

等のことが記されている。壁代とは殿内の壁面に張りめぐらす布であり、幌は戸口に用いるものであるから、一棟に壁代六丈三尺、五幅、幌が各殿の内陣と外陣の戸口に長さ七尺、四幅となり、これは現在の社殿にもぴったりの大きさである。これによって、『神代記』のつくられた天平年間には、すでに造立されていたとみてよい。かりに、『神代記』の奥書に疑いがあるとしても、住吉大社では、後述のように遷宮の制が実施されていて、初度の遷宮は天平勝宝の頃と思われるから、天平年間にはすでに現在と同じような本殿が存したとみて差支えない。

二十年一度の遷宮

遷宮というのは、社殿を造り替え、新しい御殿へ神霊をお遷しする祭儀であるが、伊勢神宮では二十年一度の式年が実施され、それが今日まで続いていることは周知のとおりである。住吉大社でも香取・鹿島神宮とともに、神宮と同様、二十年一度の遷宮が実施せられた。そのことは、『日本後紀』弘仁三年（八一二）六月辛卯の条に、「神祇官云」として、住吉・香取・鹿島の三神社は、二十年ごとにみな一様に改め作り、「積習」となっ

ているが、弊害が少くないので、今後は正殿以外は破損に従って修理することを恒例とするようにとの達しがあったことを記録している。したがって、弘仁三年以前より、住吉では二十年一度の遷宮が行なわれていて、すでに「積習」となっており、それ以後は、他の建造物は破損にしたがって修理するようになったが、正殿は二十年に一度の遷宮がまもられていたことが判明する。『延喜臨時祭式』にも、諸国の神社は破損に随って修理するが、住吉・香取・鹿島の三社の正殿は、二十年に一度改造し、その費用は神税を用い、神税なければ正税によることが記されていて、住吉大社は、香取・鹿島両宮とともに、格別の扱いをうけていたことがわかる。

それでは初めて遷宮が行なわれたのは何時か。記録の上での初見は、天平勝宝元年（七四九・『興福寺略年代記』）天平宝字元年（七五七・『東寺五代記』）天平宝字二年（七五八・『一代要記』）天平宝字六年（七六二・『興福寺年代記』）等があって、一定しないが、弘仁三年（八一二）には「積習」となっていたのであるから、少くとも二、三回は経ていたとみなければならず、四十ないし六十年位は十分に遡り得る。したがって、天平勝宝、宝字年間に遷宮の制は定まったとみてよいであろう。一方、延長六年（九二八）には遷宮のあったことが『貞信公記抄』『扶桑略記裡書』によって確かめられ、それより二十年一度として遡れば、天平勝宝元年（七四九）を初度として行なわれたことになる。延長六年以後は、長和三年（一〇一四）長元七年（一〇三四）に遷宮があり、以後、平安時代はもとより、鎌倉・吉野時代を経て、室町時代の永享六年（一四三四）まで、二十年ごとの式年遷宮の跡は明確に文献の上で辿り得る。（巻末「遷宮年表」参照）しかし戦国乱世となって、規則正しく行なわれてきた造替遷宮の制もついに失なわれたことは神宮の場合と同様である。

天野屋衆の貢献

戦国時代は、皇室のご式微《しきび》も甚だしい状態であったから、当社の社殿も次々と荒廃したことは否めない。明応二年（一四九三）には、賊が放火して本殿・末社・神宮寺を焼いたという。こうした戦国の世に災いせられての境域の荒廃を慨《なげ》いて、大社の神厳を護持しようと一念発起したのは、天野屋衆の南室賢智坊である。天野屋衆というのは、高野山に所属するが、建武以来、住吉に草庵を結んでいた旅宿の僧侶である。当社に縁があったわけでもなく、社家に好《よし》みがあったわけでもない。ただ由緒ある大社の朽ち破れていく惨状を見るに忍びず、志を立てて近在諸国へ浄財の勧進をして廻り、平橋の架け替えからはじまって本殿の造営を完成し、永正十四年（一五一七）遷宮を行なったものである。官ではできなかった造営事業を、こうした勧進僧が、心ある人士より「一紙半銭の志」をあつめてついになし遂げたことは、神宮における慶光院清順尼らの場合と同様である。

次の天文十一年（一五四二）にも遷宮が行なわれたが、この時も賢智坊の志を継いだ彼ら勧進僧の働きと、それに応ずる庶民の赤誠にまつところが大きかった。

天正四年（一五七六）四月、織田信長が大坂の本願寺光佐を攻めたとき、本願寺の兵の放火によって住吉の社殿が全焼した。そのため、文禄四年（一五九五）までの間に木食応其上人によって本殿三棟が造営せられたというが、遷宮を行なったかどうか明らかでない。しかし、慶長十一、二年（一六〇六～七）豊臣秀頼が片桐且元を奉行として行なった造営は境内一円にわたる大々的なもので、これによって、境内の施設は多く復興した。第二、三、四本殿の前に幣殿が設けられたのはこの時と思われ、今にのこる南大門・楽所・石舞台、反橋の石の橋桁もこの時の造営にかかるものである。

近世の遷宮

元和元年（一六一五）の大坂の合戦では、神主館や正印殿が兵火を蒙ったが、幸い本殿は免れた。元和四年（一六一八）に遷宮があり、ついで明暦元年（一六五五）宝永五、六年（一七〇八～九）宝暦八年（一七五八）と遷宮が重ねられた。享和二年（一八〇二）十月またまた火災によって本殿四棟・神楽殿・神館・神輿舎等三十三所を失い、大海神社と神宮寺は焼け残った。文化元年（一八〇四）より再興に着手し、遷宮を行なったのは同七年である。これが、現在の本殿であり、大海神社は宝永年度の造営にかかるものであることがわかる（昭和三十九年、重要文化財指定）。

近世における遷宮が、二十年一度の式年ではないにしても比較的順調に行なわれたのは幕府の援助によるところが大きいとはいうものの、大坂・堺の商人の信仰による寄進が積みあげられたもので、住吉大社への崇敬が庶民の間にあまねく行きわたっていたからであることはいうまでもない。

明治以後の遷宮

明治以降は、屋根の葺替、塗装替等の修理を行なって、明治十一・二年、明治三十四～四十年、昭和十一年と回を重ねたが、その当時は、官社の制が施かれていたから、修理の費用は国庫によって賄なわれ、国民は応分の寄進をして崇敬の意を表することで実施できた。しかし、終戦後は、占領軍の「神道指令」により、官制は廃止せられて神社も「宗教法人」となり、一切は崇敬者の浄財にまたねばならなくなった。幸い当社は戦災を免れた

遷　座　の　儀

奉　幣　の　儀

が、戦時中より戦後にかけての荒廃はおびただしく修理を要する施設も多かった。そのため昭和二十九年より奉賛会を組織して、まず反橋の架け替えを行ない、境内諸所の整備の末、御鎮座千七百五十年に当る昭和三十六年を期して遷宮を行うべく高松忠清元宮司以下、職員一同、東奔西走して篤志家の芳志を募ったのであった。

勅使参向による本殿遷宮

幸い各界のご協力によって、昭和三十六年十一月十一日遷宮を斎行することになった。

昭和三十六年十一月十一日夜、畏くも天皇陛下が行なわせられる「住吉大社本殿遷宮、遷座の儀」として、勅使のご参向のもと、神霊は厳かに新宮に遷り坐した。遷座の儀に当って、列立《れつりつ》する祭員一同の胸を貫いたのは、千年の伝統の重さであり、それを受け継いでいまの一刻に奉仕することを得るよろこびであった。

翌十二日は「奉幣の儀並に御鎮座千七百五十年祭」である。快晴の秋空のもと、畏き辺りより奉られた幣帛を各本宮に供進し、勅使の奏せられる御祭文、さらに雅楽「君が代」奉奏の裡に各本宮を御拝せられる勅使の姿に、畏きお思召を拝し、参列する者ひとしく感動に身のひきしまるのを覚えたことである。

一五　摂末社の数々

住吉大神、すなわちツツノヲ三神、または神功皇后を併せて四神を祀った神社は当社だけではない。「住吉大社」といえば当社であるが、全国には、「住吉神社」、あるいは社号を異にしても住吉大神を祀る神社は多く、昭和七年の調査では二千数百社におよんでいる。

全国の住吉神社

その中には、住吉大神の荒御魂を祀ったという長門国一の宮の下関住吉神社や、福岡の住吉神社のように、神功皇后の西遷に際して祀られたところもあれば、近世以降に当社の分霊を勧請して奉祀されたところもあり、当社はそれら全国住吉神社の総本営ということになる。しかし仏教の本山、末寺のような関係はなく、それぞれ独立して、地域住民と深い結びつきをもっているが、住吉大神を仰ぐことに変りはない。またそうした各地の住吉神社の氏子方で、年々団体参拝を欠かさないところも少なくない。

全国の住吉神社とは別に、大社の包括する摂社あるいは末社も境内外に数多い。その主なもの

大　海　神　社

だけでもここに紹介しよう。

大海神社

　本社四宮の北側神宮寺跡の広場を隔てた位置に「大海神社」が鎮座する。本殿は、本社とまったくおなじ形式の住吉造りで、重要文化財に指定されている。『延喜式』神名帳には摂津国住吉郡に

　大海神社　二座、津守氏人神。

とある。祭神は豊玉彦、豊玉姫で、豊玉彦というのは紀記神話の「海宮遊幸」の段で、山幸彦（ヒコホホデミノミコト）が失なわれた釣針を求めて、海の宮に赴いたときの海神であり、豊玉姫はその女《むすめ》で、山幸彦と婚してウガヤフキアエズノミコトを産んだとされている。『住吉大社神代記』には、住吉大神の子神の条に「津守安必登神」があり「二前、海神と号く」と注しているから、延喜式に「津守氏人神」とするのは、「安人神」の校訂の誤りであろう。それにしても、津守氏が氏神として奉じていたところで、手搓足尼の嫡子が大領氏を称して大海神社に仕えた。

　社前の井戸を「玉の井」と称し、山幸彦が海神より授かった潮満珠を沈めたと伝える。（例祭日

は十月十三日）

船玉神社

　現在、幸福門外南側の斎庭に建つのが「船玉神社」である。もとは第四本宮の社前、瑞垣の外にあったのを瑞籬内の拡張工事により近年現在地に遷祠した。「船玉神社」も神名帳所載の「船玉神社」にほかならず、古来、海上の平安守護の住吉大神と表裏一体の関係で尊崇されてきた。祭神は猿田彦神・天鳥船神としている。

　もっとも『住吉松葉大記』には「住吉大神の荒御魂」であろうとして考証している。かねて祭神については諸説があったが、一般には、たんに「船魂さま」といい、船舶そのものの霊として、大小の船に奉斎するのは現在も行なわれている。『住吉大社神代記』には、「紀国紀氏神・志麻神・静火神・伊達神の本社なり」と注記していることによって、神功皇后の西征にしたがった紀国造の祖以下紀北在地勢力が、神功皇后を通して住吉大神に仕える姿を示し、住吉大神の顕現を仰いだところで、住吉大神の荒御

船　玉　神　社

魂とするのが正しい。

それというのも、紀氏神というのは日前《ひのくま》・国懸《くにかかす》神宮であり、志麻・静火・伊達の神は紀ノ川下流域の在地勢力が奉じた神で、いずれも造船のはじめから、出航にいたるまでの過程に関与した神と祭せられ、津守氏の祖、手搓足尼の母方が紀国造の祖紀直であり、武内宿禰の母方もまた、紀直の娘山下影姫であり、神功皇后の西征は紀ノ川河口の紀ノ水門から出発し、帰還せられたのも、はじめ武内宿禰が太子（応神天皇）を抱いて紀水門に到り、皇后は住吉大神を鎮斎の上で、やはり紀水門に上陸されたことが『日本書紀』に伝えられている等のことにより、また住吉大神の顕現を想わせる「五所御前」と、大神に仕える神功皇后を祀る第四本宮との延長線上に船玉社があったことによるものである。

また岡田米夫氏は、船の帆柱を立てる底部に筒（つつ）とよぶ堅木があって、そこに穴をあけて、「船霊さま」の御神体を納めることが古くより船大工の間に行なわれていた事実から、帆柱は、「神籬」あるいは「山車の柱」に相当し、住吉大神（ツツノヲノ神）の名義もこの船霊神にほかならないといわれる。いずれも新説であるが、学説は学説として、船玉神社は、いわゆる「船玉さま」を祀る唯一の神社として、住吉大神と表裏一体の関係をもって古来ここに鎮座していることを紹介しておこう。（例祭日は十月二十一日）

なお船玉神社の扉絵には倭船と西洋型帆船の絵が描かれている。明治十年頃大阪江戸積問屋九店の組合の献納によるもので、当時大阪で著名な画匠の作と伝えられる。正面に古来の菱垣船

〈倭船〉、向って右に大阪九店の紙店組合の造船による「卯の日丸」〈帆走船〉、左は東京九店の蠟問屋の協同持船で、わが国初の西洋型帆走船である。

湯立神楽

若宮八幡宮

「五所御前」の南側に西面して鎮座するのは、若宮八幡宮である。八幡さまとは応神天皇であることはいうまでもない。ほかに武内宿禰を配祀する。応神天皇は神功皇后の御子神であり、武内宿禰は皇后と密接な関係がある。毎年一月十二日が例祭日で湯立《ゆたて》神楽を行なう。湯立神楽は、祓であるとともに神霊の甦り、更新を意味し、春の初めにこうした神事を行なうのは、年穀の豊穣を祈る予祝である。
この社が「五所御前」に隣接しているのは、神功皇后による稲米収穫の予祝儀礼によって、若々しい御子神〈穀童〉の出誕をみたものとして創建されたのではないかともいう。

志賀神社

大海神社の傍には、志賀神社がある。底津少童《わだつみ》命・中津少童命・表津少童命を祀る。少童命というのは、筒男命とともに伊弉諾尊の禊祓に際し、海の中から現れ坐した海神で筒男命（住吉大神）と同神ともいわれ、阿曇氏の奉じたところである。（例祭日は九月九日）

以上の四社が摂社であるが、境内末社は二十一社ある。

楯社・鉾社　瑞垣に入ると左右に向い合って建つのは、楯社（南側）鉾社（北側）である。楯社は武甕槌命、鉾社は経津主命を祀る。ともに本宮のご神格を高からしめる威儀の物としての楯・鉾を神格化して奉祀したのであろう。

侍者社　第二本宮の南側に侍者社《おもと》がある。祭神は津守氏の祖、田裳見宿禰（手搓足尼）と市姫である。神功皇后に代って住吉大神をここに祀った、いうならば初代の神主である。本宮にお供えする神饌はまず侍者社にご覧に入れる例となっているが、古くより、縁結びの神としての信仰があり、良縁を求める男女が絵馬を捧げて、結縁を祈る。これは元来手搓足尼が、紀の水軍と北九州の海部《あまべ》とを神功皇后のもとに結びつける役割を果したことによるものではないか。あるいは住吉大社と神功皇后の結縁をはかった神といえるかもしれない。

商売繁昌の楠珺社　さて、住吉大社の本宮のご神威はきわめて高く、庶民に親しまれてきたことは縷々《るる》述べたとおりであるが、商都大阪の商人にとっては、もっと気安く商売繁昌を祈り、かなえてもらえる神さまもあってよい。「お金もうけ」というときたないことのように聞えるが、正しい商行為によって利を生むことは、けっして蔑むべきではなく、産業の振興に寄与することにほかならない。そのような気安く祈って、あらたかなお蔭を蒙ることのできる商売繁昌の神さまとして、住吉大神の御神徳の一端を担ってひろく信仰されているのが、一般に「初辰さん」と親しまれている「楠珺社《なんくん》」である。

千年の楠のいのち

第一本宮の背後に廻ると、樹齢千年におよぶ楠の樹が、亭々と枝を張っている。根元に祠を設け、前には宏壮な拝殿が建っている。祭神は「宇迦魂(うかのみたま)」であるが、楠の霊をたたえて「楠珺社」とよび、毎月初の辰の日が祭日であるところから「初辰さん」とよばれ、この日は参詣で賑わう。

楠の霊をたたえた楠珺社

五十数年前、火災のため樹幹が炎焼したが、千年の楠の偉大な生命力は、なお枝を張り葉を繁らせてますます旺んな勢いを示している。ここでは祈る人々の信仰の形態はさまざまで、神道形式による祓詞を唱える人、般若心経を唱える人、樹幹の奥にひそむ「巳さん」の不思議な霊力を信ずる人、四十八回の月詣りを重ねて、四十八辰とし、「始終発達」とかけて運勢の向上を願う人等、祈願の形式と内容はさまざまであるが、それらを貫く信仰に人の心の誠がある。(例祭日は五月

初辰日）

初辰さんと招福猫

　初辰さんで四十八回の月詣りをする人は、社頭で「招福猫」を受けて帰る習慣がある。「まねき猫」だが、初辰さんの「まねき猫」はちょっと変っていて、裃《かみしも》をつけ、招いている手は月によって左右交互に上げている。

　明治の末まで、新町に本荘席という店があった。その主人本荘五郎兵衛は、若い頃より住吉さんを崇敬する心厚く毎月卯の日には風雨寒暑の別なく参詣を欠かしたことがなかった。いつの頃からの風習かわからないが、とくに遊里では吉瑞招福を祈って、店頭や神棚に「まねき猫」をまつったが、本荘席の主人五郎兵衛も、住吉で売る「まねき猫」を買って帰ったが、やがて、家族も芸妓も買ってきたので、その数が二千余となり棚の上には大小の猫が押し合っていた。これが評判となって、「本荘猫」とよび伝えられたが、そのうちにこの風習が世間にひろまり、卯の日の翌日の初辰日に楠珺社にお詣りして、受けて帰る例となった。猫に羽織を着せ、あるいは裃をつけているのは、芸妓が早く一本立ちになって羽織を着るようになりたい一心で、その願いを托したも

まねき猫

のだった。

種を貸す社

初辰さんにお詣りする人は、境内のいま一社ある「倉稲魂《うかのみたま》」を祀った「種貸社」にもお詣りするのが例となっている。「種貸」の名の通り稲種を授かるという、古い農耕儀礼に発したのであろうが、いまでは、稲魂すなわち穀童から、子宝を授かる信仰となり、子どものない夫婦が子授けを祈って、「種貸人形」をうけて帰る方もあり、さらに、神さまより授かったお金を資本に加えて商売をすれば増殖繁栄するとの信仰となり、ご祈禱を申し込めば、「お種銭」をお下げするのを例としている。これは、神霊のこもる稲種によって豊穣を祈った古来の民族信仰が展開したものといえる。（例祭日は四月九日）

収穫の神

初辰日はまた境外の末社も賑わいを呈する。南門を出て東南に五〇㍍も歩けば、小さな川がある。細井川といい、昔は歌にも詠まれた清流であったが、この川をはさんで南北に鎮祭しているのが、境外末社大歳社と浅沢社である。

大歳社は、大歳神を祭神とし、やはり稲米収穫儀礼に関与した神であろう。しかし近世には式内社の「草津大歳神」に、擬せられ、『摂津名所図会大成』巻之七には

近来浪花の商売この神を祈れば金銭取

種貸人形

引の契約に異変なく節季毎に売掛の金銭速にあつまるとて、詣人平日に間断なしと記され、集金にあらたかなご神徳がある神としている。式内の「草津大歳神」は、苅田村にあり、現在大依羅神社に合祀せられているところで、この神社が近世にはさびれたため本社の勢威に伴って、社頭盛況を呈した大歳社をもって、式内の神社にあてたのであろう。

それにしても、稲米の収穫の神が、いつの間にか集金の神となっているのはおもしろい。それもことさら神社が宣伝したのではなく、一般にその信仰がひろまって、現在も行なわれているのである。つまり、「種貸さん」で資本を授かり、「初辰さん」で商売繁昌を祈り、「大歳さん」で集金の円滑を頼むというわけで、きわめて合理的な信仰となっている。これも永い間に形成された庶民の智恵であろうか。（例祭日は十月九日）

浅沢小野の杜若

大歳社の北側に池の中に坐すのは浅沢神社で、市杵島姫神を祀る。ここは『万葉集』に

住吉の浅沢小野の杜若《かきつばた》衣に摺りつけ着む日知らすも（一三六一）

と詠まれた古くからの杜若の名所であった。

浅沢神社の祭神市杵島姫は、俗に弁天さんと附会されていて、芸能の神として知られているが、明治天皇が明治十年、行幸になり、この杜若を賞でられたことは、案外知られていない。

むかし見し浅沢小野の花あやめいまも咲くらむ葉がくれにして

との明治天皇の御製がある。細井川浚渫によって池が涸水し、一時杜若は絶えて花菖蒲を移植し

たが、復活工事によっていまは杜若で、その季節には彩られる。（例祭日は六月十七日）

市戎・大国社

さて「エベッさん」といえば、関西では商売繁昌の神さまとして庶民に親しまれている。とくに阪神では、西宮の戎さん、今宮の戎さんが毎年一月十日に「十日戎」といって庶人が群参することで有名であるが、じつは住吉にも「エベッさん」があった。市戎社といいその歴史は古い。

市戎大国まつり

例の津守棟国の『諸神事次第記』には、一月十日の頃に「広田御狩」として、九日の夜「江比須社御前」において酒肴が出て、巫女舞があり、十日酉刻「御狩神事」のあることが記されている。「御狩神事」は、巫女が男形をして弓矢を取り「狩場の躰」をなすのであるが、中世以後、恵比須社は断絶して、『住吉松葉大記』の著わされた元禄頃は位置も判然としなかったようである。しかし、御狩神事の形は多少のこして神楽所で行なっていたようである。これをなぜ「広田御狩」とよぶのかはっきりしないが、『住吉大社神代記』には、

住吉大神と広田大神と交親を成したまふ。故、御風俗の和歌ありて灼然なり。「墨江に伊賀
　太浮べて渡りませ住吉がせこ」是、即ち広田社の御祭の時の神宴歌なり

とあって、住吉大社と広田社との関係がきわめて密接であったことをうかがわしめるから、住吉にて「広田御狩」とよぶ神事が行なわれたことは故なしとしない。

市戎《えびす》社は明治以後、復興し、現在は神館前庭に、市戎・大国社を並べて奉斎し、地元商店街の人等を中心に毎年一月十日大祭を行なっている。当社には、宝之市神事もあるように、わが国商業のはじめともいえる「市」のたったのは、神功皇后が三韓の貢物を頒たれたに始まるというほどであるから、故なしとしない。

数ある末社

境内の末社はこのほかにもあり、いずれも本社の御神徳を分け持ち給ひ、また本社のご祭神に仕える神として鎮祭されている。その一々についての詳しい考証は省くが、祭神と例祭を記して参考に供しよう。

社名	祭神	例祭日
楯社	武甕槌命《たけみかつちのみこと》	九月　一日
鉾社	経津主命《ふつぬしのみこと》	四月十四日
后土社	土《つち》御祖神《みおやのかみ》	十月十九日
児安社	興台産霊神《こごとむすびのかみ》	九月十九日
海士子社	鵜茅葺不合尊《うがやふきあえずのみこと》	二月　一日

竜社	水波野女神《みずはのめかみ》	十月十六日
八所社	素戔嗚尊《すさのおのみこと》	六月十五日
新宮社	伊邪那美命《いざなみのみこと》・事解男命《ことさかのおのみこと》・速玉男命《はやたまのをのみこと》	五月十七日
立聞社	天児屋根命《あめのこやねのみこと》	二月一日
貴船社	高龗神《たかをかみのかみ》	六月一日
星宮	国常立命《くにとこちのみこと》	七月七日
五社	大領《たいりよう》・板屋《いたや》・狛《こま》・津《つ》・高木《たかぎ》・大宅《おおやけ》・神奴祖神《かむやつこ》	（四月初申日／十一月初申日）
薄墨社	国基霊神（津守家第三十九代）	八月七日
斯主社	国盛霊神（津守家第四十三代）	七月二十一日
今主社	国助霊神（津守家第四十八代）	一月二十七日
招魂社	諸霊神	（春分の日／秋分の日）

なお、先に記した夏祭に神輿の渡御する堺宿院の頓宮、港湾守護の神として、大阪湾の振興に一役買っている港住吉神社はともに境外末社である。

神宮寺

本社と大海神社の間に広場があり、いま文華館が建っているが、ここにかつて神宮寺があった。神宮寺というのは、奈良時代以来、神仏習合の思想が行なわれて、神社にも寺院が併設されるようになったものである。平安時代になると、本地垂跡説といって、仏が本地で、神は仏の跡を垂れ給うたものとみる説となり、本社の各本宮の祭神も次のような諸仏の垂跡と考えられた。

一神殿　御本地薬師如来垂跡住吉大神宮
二神殿　御本地阿弥陀如来垂跡八幡大菩薩
三神殿　御本地大日如来垂跡天照大神
四神殿　御本地正観音垂跡神功皇后

右は『住吉松葉大記』所載「勘文」にみえるところで、もとより附会の説であるが、中世・近世を通じて永くこうした信仰が行なわれ、神道と仏教とが仲よく同居していたのである。本社の祭祀に神宮寺の僧侶も参加し、神宮寺の行事に神職の加ったことも少なくない。

住吉神宮寺は、「勘文」によれば、天平宝字二年（七五八）の建立と伝えられ、「新羅寺」とも称した。『住吉松葉大記』には次のような諸堂宇の存したことが記されている。

本　　堂（日光月光十二神将四天王像）
東　　塔（胎蔵界大日如来並四天王）
西　　塔（金剛界大日如来並四天王）
東法華三昧堂（釈迦如来並脇侍文殊普賢二菩薩）
西常行三昧堂（阿弥陀如来並脇侍観音勢至二菩薩）
大　日　堂（大日如来並脇侍不動毘沙門両尊）
救聞持堂（虚空蔵菩薩）

護　摩　堂（不動明王）
食　　堂（釈迦文殊頻頭盧）
東西両僧坊（不動明王毘迦羅勢陀伽）

これらの伽藍は、明治維新の神仏分離によって廃され、現在、護摩堂だけが遺っていて、招魂社の社殿に転用されている。社殿は平成十一年、大阪府指定文化財に指定された。神宮寺の廃絶に際し、取毀した堂宇の処分に困って、なかでも西塔が徳島県の切幡寺に五円何十銭かで売却されたが、現在それが県の重要文化財に指定されているのは皮肉なものである。

一六　現代の住吉大社

夏日の御幸

御鎮座千七百五十年に当る昭和三十六年十一月、勅使参向による遷宮を行ったことは先に述べたが、昭和四十五年には日本万国博覧会が大阪で開催せられたさい、昭和天皇・皇后両陛下には七月十五日、住吉大社に御参拝になった。それは、神功皇后の御鎮斎と伝えられる太古以来、外交の難局、国内の不安等、事あるごとにあらたかな御神威の輝きをみせてきた住吉大社であり、かつ海上平安、国家鎮護、禊祓、現人神、和歌神等として、限りない神威を歴史に記録し、つねに国史の命脈と表裏しつつ、時代々々の国民に親しまれ和《なご》まれて、広く崇敬をあつめてきただけに、おりしも大阪の産業・経済が高度成長のさ中にあるとはいえ、一方で社会の混乱はなお楽観を許さないものがあったことも事実であったから、このときにあたって日本万国博覧会が、世界の産業・文化をあつめて、住吉大社のみそなわす摂津千里丘陵に開催されるについては、まず開催地、摂津国一の宮たる住吉大社に玉歩をお進めになったのであろうと拝察し、当時の宮司以下職員一同、恐縮してお迎え申し上げたことである。

その際のいともご鄭重な御拝のご模様を眼のあたりに拝したわたくしどもは、ことにひとしおの感慨を覚えたのである。

　それは、ご即位以来の昭和の激動の時代を経て、繁栄と平安の世を迎えたについても、つねに「世の安らぎ」を祈らせられるにつけても、四海平安の神威あらたかな住吉大神への御想いをひとしお胸に深く秘められて、神前にお立ちになったものと拝したのである。

両陛下のご参拝

　その日の社頭の輝きの中で、集った多数の民草の仰ぎみる姿に、両陛下には、太平の世の日本の一日をこよなく嘉みされたものと想う。爾来、すでに三十数年、昭和も遠くなったいまも、あの夏日の御幸がよみがえり、そして『万葉集』の一首が胸に浮かぶのである。

清江《すみのえ》の
　きしの松原
　　遠つ神
我が大君の
いでまし処《どころ》　（二九五番歌）

天皇・上皇	年号	西暦	事例	出典
桓武天皇	延暦八年	七八九	行幸	帝王編年記
仁明天皇	承和六年八月	八三九	奉幣	続後紀
文徳天皇	嘉祥三年九月	八五〇	奉幣	文徳実録
清和天皇	貞観八年四月	八六六	神財奉献	三代実録
宇多上皇	昌泰元年十月	八九八	御幸	扶桑略記
醍醐天皇	延喜八年	九〇八	行幸	仁寿鏡・帝王編年記
村上天皇	天暦二年七月	九四八	遣使	日本紀略
円融天皇	天元五年七月	九八二	遣使	西宮記
後三条上皇	延文五年二月	一〇七三	御幸	十三代要略
鳥羽上皇	年未詳	一一二九～一一五六	御幸	五代帝王物語
後白河上皇	承安元年六月	一一七一	御幸	山家集
後鳥羽天皇	建久六年	一一九五	遣使	嘶の苗
同	正治二年十一月	一二〇〇	御幸	明題部類抄
同	建仁元年十月	一二〇一	御幸	明月記ほか
同	承久三年二月	一二二一	御幸	古今著聞集
後嵯峨上皇	宝治年間	一二四七～一二四九	御幸	増鏡
同	建長五年	一二五三	御幸	続千載集
亀山上皇	弘安七年三月	一二八四	御幸	一代要記ほか
同	弘安八年十月	一二八五	御幸	実躬卿記ほか
同	永仁六年十月	一二九七	御幸	新後拾遺集
後宇多上皇	元亨四年五月	一三二四	御幸	新千載集
光格天皇	享和三年正月	一八〇三	遣使奉幣	摂陽奇観

行幸・遣使・奉幣の事例（平安時代以降）

御鎮座千七百八十年にあたった平成三年にも遷宮を行った。

神威の甦り

このたびは、勅使の参向は得られず、式年遷座祭として、第一・第二本宮は十月三十一日、第三・第四本宮は平成四年十二月二十二日に遷御の儀を斎行し、それぞれ翌日、遷座奉幣祭をとり行って、畏こきあたりよりの御幣物を神前に奉った。

ここに新装成った住吉造四社の社殿は、かつて遣唐使が異国の文化を求めて、西の海に向って真一文字に立ち向かったごとく、天平時代の人びとの気迫を承け継いで、いままさに「四つの船」の船出を象徴するかのように屹立《きつりつ》している。遷宮によって文字通り神威の甦りを仰いだのである。

航路の指針

よろずグローバル化の現代、産業・貿易の振興をはかるにつけても、人びとの心々を結びつけて一本化することのできる精神的支柱がなくてはならない。それはいつの時代にも求められるものだが、現今は思想的にも、外交上も指針が定まらず、右に左に漂流しているかのようである。

世界からわが国に期待されているところも大きく、対外支援と国益とのはざまの中で、果敢な決断を要求せられることも屢々《しばしば》であろうが、かつて天平びとが、住吉大神にたのんで、勇敢な進取の気性を示した歴史に学びつつ、アジアの諸国のみならず、世界に翔《はばた》く日本人の気概を示したい。その場合にこそ、外交の祖神としての住吉大社を中心に一つに結ばれることが肝要ではなかろうか。

外交・貿易・産業の守神、また和歌・文学の神としていまも変らぬ崇敬をあつめている住吉大社に、二千年の伝統をまもりつつ、新しい時代の航路の指針を求めたい。それは、むかし住吉の神に祈って万里の波濤をおし渡った天平びとの心意気と、それにこたえて「行くとも来《く》とも船は早けん」と、航海の安泰を約束された「神言《かんごと》」への信仰の結実として現代に生かしたいと思うものである。

住吉大社貴重品目録

貴重品		時代	
建物			
住吉大社本殿	四棟	江戸時代	国宝
住吉大社摂社大海神社本殿	一棟	江戸時代	重要文化財
住吉大社南門	一棟	桃山時代	重要文化財
住吉大社東楽所	一棟	同	重要文化財
住吉大社西楽所	一棟	同	重要文化財
住吉大社石舞台	一棟	同	重要文化財
住吉大社南高倉	一棟	室町時代	大阪府指定有形文化財
住吉大社北高倉	一棟	同	大阪府指定有形文化財
住吉大社末社招魂社本殿	一棟	江戸時代	大阪府指定有形文化財
書籍			
住吉大社神代記	一巻	平安時代	重要文化財
住吉松葉大記　梅園惟朝著	十九冊	江戸時代	大阪府指定文化財
後醍醐天皇綸旨	三通	吉野朝時代	
後村上天皇綸旨	二通	同	
後円融天皇綸旨	一通	同	
後小松天皇綸旨	四通	室町時代	
後小松院院宣	一通	同	

貴重品		時代
称光天皇綸旨	一通	室町時代
後奈良天皇	一通	同
後陽成天皇綸旨	一通	桃山時代
綸旨・院宣巻物	二巻	吉野朝～室町時代
神官々符未到宣下	四通	同
称光天皇宣旨	一通	室町時代
後花園天皇宣旨	一通	同
後土御門天皇宣旨	一通	同
光格天皇宣命	一通	江戸時代
明治天皇御告文	一通	明治時代
大正天皇御告文	一通	大正時代
津守国道位記	一巻	桃山時代
口宣案	一三九通	室町～江戸時代
豊公社領朱印状	一通	桃山時代
大政所延命祈願状	一通	同
徳川家康禁制	一通	江戸時代
御朱印由緒記	一通	同
徳川家康黒印状写	一通	同
霊元天皇御宸筆短冊	一枚	同
桜町天皇御宸筆短冊	三枚	同
桃園天皇御宸筆短冊	三枚	同
後桜町天皇御宸筆短冊	五枚	同

光格天皇御宸筆短冊	六枚	同	
仁孝天皇御宸筆短冊	三枚	同	
寛文御法楽奉納和歌短冊	四七枚	同	
天和御法楽短冊	四八枚	同	
延享御法楽短冊	四七枚	同	
明和御法楽短冊	四五枚	同	
寛政御法楽短冊	四四枚	同	
天保御法楽短冊	四七枚	同	
住吉社月次御法楽和歌	二巻	同	
和歌懐紙　松浦肥前守	六枚	同	
連名和歌百首　冷泉為村	四紙	同	
住吉太神宮神号　細川勝元筆	一幅	室町時代	
住吉社奉納百首和歌　正徹	一巻	同	
同　松平樂翁	一巻	江戸時代	
絵画			
御神影軸　伝、狩野元信	一幅		
住吉大神御神影	一幅	江戸時代	
住吉神社境内之古図	一幅	同	百済文庫朱印
摂津住吉宮地全図	一幅	同	
住吉神宮寺大日如来像軸	一幅	同	
三十六歌仙扁額（正）	三十八面	同	
三十六歌仙扁額（副）	三十五面	同	
浜祈禱御幸行列図	一枚	江戸時代	
鶏木額　円山応挙	一額	江戸時代	
工芸			
太刀　銘守家	一口	鎌倉時代	重要文化財
刀　銘小野繁慶	一口	江戸時代	重要文化財

太刀　銘小林伊勢守国輝	一口	同	大阪府指定有形文化財工芸品
刀　銘八幡北窓治国	一口	同	大阪府指定有形文化財工芸品
剣　銘摂陽住丹波守吉道	一口	同	大阪府指定有形文化財工芸品
太刀　銘神力丸有続	二口	同	大阪府指定有形文化財工芸品
短刀　長船家光	一口	室町時代	
短刀　長船則光	一口	同	
鉄砲　銘野田善清尭	一挺	江戸時代	大阪府指定有形文化財
彫刻			
木造舞楽面　綾切	四面	平安時代	重要文化財
木造舞楽面　抜頭	一面	同	重要文化財
木造舞楽面　貴徳番子	一面	同	重要文化財
木造舞楽面　皇仁庭	一面	同	重要文化財
木造舞楽面　秦王	一面	鎌倉時代	重要文化財
木造舞楽面　納曽利	一面	同	重要文化財
秦王面楯　舞楽道具	五枚	鎌倉時代	
環城楽面　児玉近江作	一面	江戸時代	
貴徳面　四辻家臣蘇我辰信奉納	一面	同	
散手面	一面	同	
陵王面	四面	同	
秦王河伯女	一個	鎌倉時代	
金燈篭　貞明皇后御奉納	一対		
古銅神印	二個		
古銅肉入	一個		
木造狛犬	二対	室町時代	

金住吉神像		一体	明治時代
古代神像		三体	
芦屋住吉釜		一個	江戸時代
侍者社酒壺		一個	
鳳輦		一基	
神輿		二基	
天平弓		一張	
御所車		一台	
舞楽装束			桃山～江戸時代
左方平舞	袍	四領	
右方平舞	袍	七領	
平舞	半臂	四領	
平舞右方	半臂	一領	
左方	下襲	四領	
右方	下襲	二領	
左方蛮衣	袍	八領	
右方蛮衣	袍	四領	
左方蛮衣	下襲	二領	
右方蛮衣	下襲	二領	
蛮衣	袴	六腰	
平舞	表袴	八腰	
胡蝶装束	袍	二領	
胡蝶装束	袴	一腰	

陵王装束	袍	一領	
陵王装束	裲襠	一領	
納曽利装束	袍	一領	
納曽利装束	裲襠	一領	
納曽利装束	袴	一腰	
貴徳装束	裲襠	一領	
貴徳装束	袴	一腰	
迦陵頻装束	袍	二領	
還城楽装束	袍	一領	
還城楽装束	袴	一腰	
平舞	表袴	七腰	
芸能			
住吉の御田植			重要無形民俗文化財
夏越祓神事			大阪府民俗無形文化財
その他			
くすのき（楠珺社）		一樹	大阪市指定保存樹
くすのき（夫婦楠）		同	大阪市指定保存樹
くすのき（神館）		同	大阪市指定保存樹
かいずかいぶき		同	大阪市指定保存樹
むくのき		二樹	大阪市指定保存樹
けやき		一樹	大阪市指定保存樹

住吉大社遷宮年表

住吉大社遷宮の記録は「天平勝宝元年　造住吉社」（興福寺年代記）とあるのが初見であり、次いで「延長六年　今年住吉遷宮」（扶桑略記）「長和三年中略今年住吉社遷宮」（日本紀略）と見えるが、弘仁、延喜当時二十年一度の遷宮が「積習」となっていたので、「天平勝宝元年」を第一回とすれば、延長元年まで十回を数え、さらに長和三年まで四回を数えることができる。以後、平安鎌倉時代を通じ室町時代の永享六年（後花園天皇）まで二十年一度の遷宮は厳重に守られたことが記録に明瞭である。

遷宮回数	西暦	年月日	記事	出典
①	七四九	天平勝宝元		興福寺年代記
⑩	九二八	延長六	遷宮	貞信公記抄・扶桑略記裡書
⑭	一〇一四	長和三、十一、十九	遷宮	日本紀略
⑮	一〇三四	長元七、三、二十三	遷宮	日本紀略
⑯	一〇五三	（天喜元、二、十）	（焼亡）	百錬抄
⑰	一〇七四	承保元、八、二十七	遷宮日時定	永昌記
⑱	一〇九四	嘉保元、十二、二十六	神宝御覧	中右記
	〃	嘉保元、十二、二十八	遷宮	〃
	一一一三	永久元、八、二十九	上棟	殿暦
⑲	一一一四	永久二、十二、十九	遷宮	中右記
⑳	一一三四	長承三、十二、二十六	遷宮日時被勘	中右記
	〃	長承三、十二、二十七	神宝発遣	〃
	一一五三	仁平三、七、二十六	造宮日時定	本朝世紀
	〃	仁平三、十二、十九	立柱（遷宮は翌年なるべし（㉑））	〃
㉒	一一七四	承安四、十二、二十三	遷宮神宝使差文献	顕広王記
	一一九三	建久四、十二、二十五	上棟（遷宮は翌年なるべし（㉓））	和漢合符
㉔	一二一四	建保二、十二、二十五	神宝使発遣	百錬抄
	一二三四	文暦元、十二、二十八	神宝使発遣	百錬抄
㉕	〃	文暦元、十二、三十	遷宮	〃
㉖	一二五三	建長五	遷宮	永享六年八月記・続古今和歌集
㉗	一二七四	文永十一、十二、二十九	遷宮	文永代始公事抄
㉘	一二九四	永仁二、八、十五	上棟日時定	帝王編年記
㉙	一三一四	正和三、六、八	上棟日時定	花園天皇宸記

㉚	一三三四	建武元	遷宮	永享六年八月記
㉛	一三五四	正平九	遷宮	永享六年八月記
㉜	一三七四	文中三、十二、二十七	遷宮	師守記・永享六年八月記
㉝	一三九四	応永元	遷宮	東寺百合文書・永享六年八月記
㉞	一四一三	応永二十	造住吉社段米事	水無瀬文書
㉟	一四三四	永享六、十二、三十	遷宮	師卿記・永享六年八月記
	一四四六	文安三	（修理）	住吉神社旧記
	一四五六	康正二	（修理）	住吉神社旧記
	一四七一	文明三、三、二十二	造住吉宮段米事	住吉神社文書
	一四九二	延徳四	住吉大神宮司願造営	住吉神社文書
㊱	一五一七	永正十四、十、十三	遷宮	津守則守御殿修理日記
㊲	一五四二	天文十一	遷宮	住吉神社旧記
	一五四二	天文十一、七、三十	早遂修造之成功綸旨	住吉神社文書
㊳	一六〇六	慶長十一、十一、八	上棟	慶長十一年津守家盛記
㊴	一六一八	元和四	遷宮	松葉大記
㊵	一六五五	明暦元、十一、十一	上棟	棟札
	一七〇四	元禄十七	（修覆）	松葉大記
㊶	一七〇九	宝永六、五、一	上棟	宝永五年御造営記所引棟札
㊷	一七五八	宝暦八、九、二十一	遷宮	摂陽奇観
	一八〇二	享和二、十、二十八	（焼亡）	摂陽奇観
㊸	一八一〇	文化七、四、五	遷宮	摂陽奇観
㊹	一八七八	明治十一、五、一	第一、第四宮遷宮	住吉大社文書
	一八七九	明治十二、三、二十	第二、第三宮遷宮	
㊺	一九〇一	明治三十四、七、二十四	第一本宮遷宮	同
	一九〇六	明治三十九、十二、二十五	第二本宮〃	
	一九〇七	明治四十、六、二十三	第三本宮〃	
	一九〇七	明治四十、十、二十三	第四本宮〃	
㊻	一九三六	昭和十一、六、十一	第一、第二本宮遷宮	同
	一九三六	昭和十一、十二、九	第三、第四本宮遷宮	
㊼	一九六一	昭和三十六、十一、十一	遷宮	同
㊽	一九九一	平成三、十、三十一	第一、第二本宮遷宮	同
	一九九二	平成四、十二、二十二	第三、第四本宮遷宮	

明治四十六、六、一
奉祝祭

住吉大社祭事暦

月日	時	祭典	内容説明
一月 一日	午前五時	若水《わかみず》の儀	瑞垣の神井より若水を汲上げ、四本宮・摂末社に供える
一日	午前六時	元旦《がんたん》祭	国の隆昌と国民の弥栄を祈る
三日	午前八時	元始《げんし》祭	年の始めに当り、皇位の元始を祝う
四日	午前一時	踏歌《とうか》神事	戎・大国所役が萬歳楽の行事を行い小餅を供え、この福の餅を参拝者に撒く
七日	午前十一時	白馬《あおうま》神事	神馬が四本宮を駆け巡り邪気を祓う
卯日	午前八時	初卯《はつう》祭	御鎮座日の卯年卯月卯日に因み、年の始を初卯として祝う
十三日	午前十時	御結鎮《みけち》神事	お弓神事ともいわれ、古式による弓十番奉射行事で邪悪退散・天下泰平を祈る
十五日	午前十時	十五日祭並新年献詠祭	毎月の恒例祭と歌神の住吉さまに募集短歌の入選歌を冷泉流で披講
十五日	午前九時	住吉左義長《さぎちょう》	住吉大社に納められた古神符・注連縄等を斎火によって焼納する
二十日	午前十時	海上安全交通安全祈願祭	七月二十日の海の日に因む毎月の恒例祭

二月			
一日	午前十時	朔日《さくじつ》祭	毎月一日は月参りで賑う恒例祭
三日	午前九時	節分《せつぶん》祭	一陽来復の日で、悪鬼退散・家内安全を祈り春を祝う
卯日	午前十時	卯之日《うのひ》祭	御鎮座日の卯年卯月卯日に因む恒例祭
上旬	午前十時	埴使《はにつかい》	祈年祭に使う土器の埴土を畝傍山頂より採集する
十一日	午前十時	紀元《きげん》祭	日本建国記念の日で、国の隆昌と皇室の安泰を祝う
十五日	午前十時	十五日祭	恒例祭で、国の隆昌と家内安全・商売繁昌を祈る
十七日	午前十時	祈年《きねん》祭	五穀豊作を祈り、国家安泰を祈る
二十日	午前十時	海上交通安全祈願祭	七月二十日の海の日に因む毎月の恒例祭
三月			
一日	午前十時	朔日祭	毎月一日は月参りで賑う恒例祭
卯日	午前十時	卯之日祭	御鎮座日の卯年卯月卯日に因む恒例祭
十五日	午前十時	十五日祭	恒例祭で、国の隆昌と家内安全・商売繁昌を祈る
二十日	午前十時	海上交通安全祈願祭	七月二十日の海の日に因む恒例祭
二十一日	午前十時	皇霊殿遥拝《こうれいでんようはい》式	皇居の皇霊殿を拝し、皇室の安泰を祈る

四月	一日	午前十時	朔日祭	毎月一日は月参りで賑う恒例祭
	三日	午前十一時	松苗《まつなえ》神事	松樹を神木とする住吉大社の植樹祭で、募集入選句を披講し、神楽の白拍子舞と熊野舞が奉納される
	六日	午前十時	正印殿《しょういんでん》祭	吉野朝の後村上天皇行在所跡にて往時を偲ぶ
	卯日	午前十時	卯之日祭	御鎮座日の卯年卯月卯日に因む恒例祭
	十五日	午前十時	十五日祭	恒例祭で、国の隆昌と家内安全・商売繁昌を祈る
	二十日	午前十時	海上交通安全祈願祭	七月二十日の海の日に因む恒例祭
五月	一日	午前八時	朔日祭並全国弓道大会	神功皇后の故事に因み、全国遠的弓道大会が行なわれる
	卯日	午後一時	卯《う》之《の》葉《は》神事	御鎮座記念日で卯の葉の玉串を捧げ、重文「石舞台」で舞楽奉納がある。境内の卯の花苑開園となる
	十五日	午前十時	十五日祭	恒例祭で、国の隆昌と家内安全・商売繁昌を祈る
	二十日	午前十時	海上交通安全祈願祭	七月二十日の海の日に因む恒例祭
六月	一日	午前十時	朔日祭	毎月一日は月参りで賑う恒例祭
	卯日	午前十時	卯之日祭	御鎮座日の卯年卯月卯日に因む恒例祭
	十四日	午後一時	御田植《おたうえ》神事	国の重要無形民俗文化財指定の祭典で、田舞など貴重な伝統芸能が行なわれて五穀豊饒を祈る

十五日	午前十時	十五日祭	恒例祭で、国の隆昌と家内安全・商売繁昌を祈る
二十日	午前十時	海上交通安全祈願祭	七月二十日の海の日に因む恒例祭
三十日	午後三時	大祓《おおはらい》式	水無月祓と称し、国の大祓と崇敬者各自の祓を執り行う
七月			
一日	午前十時	朔日祭	毎月一日は月参りで賑う恒例祭
卯日	午前十時	卯之日祭	御鎮座日の卯年卯月卯日に因む恒例祭
十五日	午前十時	十五日祭	恒例祭で、国の隆昌と家内安全・商売繁昌を祈る
二十日	午前十時	海上交通安全祈願祭	海の記念日で海上と陸上の安全を祈る
二十日 二十一日		神輿洗《みこしあらい》神事 午後四時　発輿《はつよ》祭 午後六時　神輿洗神事 午後八時　御旅所《おたびしょ》駐輿《ちゅうよ》祭 午後三時　御旅所発輿祭 午後四時　還輿《かんよ》祭	住吉大社夏祭の「おはらい祭」の前儀で、堺頓宮への渡御の神輿を茅渟の海（大阪湾）の潮で祓い清める。神事は大阪南港岸壁で行なわれ、潮汲船団・奉迎船団十五隻のパレードがある。当日は住吉公園の高燈篭で一泊して二十一日に神輿は本社へ帰り渡御をまつ
三十日	午後六時	宵宮《よいみや》祭	住吉祭は「おはらい祭」と称され、「例大祭」は住吉大社で最も重要な祭典で、夏越祓神事は一般市民も参加して古式によるおはらい行事を行い無病息災・家内安全を祈り夏越女・稚児等と共に茅の輪をくぐる
三十一日	午前十時	例大祭《れいたいさい》	
三十一日	午後五時	夏越祓《なごしのはらい》神事	

月	日	時刻	祭典	内容
八月	一日	午前十時	翌日祭並朔日祭	朔日の恒例祭と例祭の奉告祭典
	一日		渡《と》御《ぎょ》祭 午後三時　発輿祭 午後七時　頓宮《とんぐう》祭 引続き　荒和大祓《あらにごのおおはらい》神事 午後九時　還輿祭	渡御祭は神輿を船形山車に乗せて子供達が堺宿院頓宮まで神幸し、頓宮飯匙掘で荒和大祓神事が古式によるおはらい行事が行なわれる
	卯日	午前十時	卯之日祭	御鎮座日の卯年卯月卯日に因む恒例祭
	十五日	午前十時	十五日祭	恒例祭で、国の隆昌と家内安全・商売繁昌を祈る
	二十日	午前十時	海上交通安全祈願祭	七月二十日の海の日に因む恒例祭
九月	一日	午前十時	朔日祭	毎月一日は月参りで賑う恒例祭
	卯日	午前十時	卯之日祭	御鎮座日の卯年卯月卯日に因む恒例祭
	十五日	午前十時	十五日祭	恒例祭で、国の隆昌と家内安全・商売繁昌を祈る
	二十日	午前十時	海上交通安全祈願祭	七月二十日の海の日に因む恒例祭
	二十三日	午前十時	皇霊殿遙拝《こうれいでんようはい》式	皇居の皇霊殿を拝し、皇室の安泰を祈る
	中秋日	午後六時	観月《かんげつ》祭	中秋の名月を称え、全国より募集した短歌・俳句の入選歌句を反橋上で披講し、住吉踊・舞楽が奉納される

十月 一日	午前十時	朔日祭	毎月一日は月参りで賑う恒例祭
卯日	午前十時	卯之日祭	御鎮座日の卯年卯月卯日に因む恒例祭
十五日	午前十時	十五日祭	恒例祭で、国の隆昌と家内安全・商売繁昌を祈る
十七日	午前十時	宝之市《たからのいち》神事	御田の稲穂を刈り神前に供えて豊作を感謝する。相撲会とも称し近畿高校相撲大会が行なわれる
二十日	午前十時	海上交通安全祈願祭	七月二十日の海の日に因む恒例祭
十一月 一日	午前十時	朔日祭	毎月一日は月参りで賑う恒例祭
三日	午前十時	明治《めいじ》祭	明治天皇の偉業を偲び、皇室の安泰と国の隆昌を祈る
卯日	午前十時	卯之日祭	御鎮座日の卯年卯月卯日に因む恒例祭
上旬	午前中	埴使《はにつかい》	新嘗祭に使う土器の埴土を畝傍山頂より採集する
十五日	午前十時	十五日祭並七五三祝祭	七五三詣は十一月中参詣が絶えないが、十五日を祝日として祭典を行う
二十日	午前十時	海上交通安全祈願祭	七月二十日の海の日に因む恒例祭
二十三日	午前十時	新嘗《にいなめ》祭	崇敬者からの新穀を供え、五穀の豊作を感謝する
十二月 一日	午前十時	朔日祭	毎月一日は月参りで賑う恒例祭

卯日	午前十時	卯之日祭	御鎮座日の卯年卯月卯日に因む恒例祭
十五日	午前十時	十五日祭	恒例祭で、国の隆昌と家内安全・商売繁昌を祈る
二十日	午前十時	海上交通安全祈願祭	七月二十日の海の日に因む恒例祭
二十三日	午前十時	天長《てんちょう》祭	天皇誕生日を祝賀し、宝寿の萬歳を祝う
二十六日	午後三時	煤払《すすはらい》式	本殿のすす・ほこりを古式によって払い清め、大掃除を行う
三十一日	午後五時	大祓《おおはらい》式	天下萬民の罪穢をお祓いし、参拝者も参列して各自のお祓いを行なう
	引続き	除夜《じょや》祭	一年の最後の祭で、守護に感謝する

摂社・末社祭事暦

月日	時	祭典	内容説明
一月 辰日	午前八時	初辰《はったつ》祭	毎月初の辰日には楠珺社の月参りで賑わう
九日	午前十一時	市戎大国社《いちえびすだいこく》宵宮祭	住吉のえべっさんと親しまれ、両日はこの年の福を祈り、吉兆を授かる人々で賑わう
十日	午前十一時	市戎大国社例大祭	
十二日	午前十一時	若宮八幡宮《わかみやはちまんぐう》例祭（摂社）	湯立神事ともいわれ、神前に四つの大釜を据え湯神楽を奉納してこの年を占う
二十七日	午前十時	今主《いまぬし》社例祭	津守家四十八代神主国助の社。元寇降伏の祈請に奇瑞をあらわす
二月 一日	午前十時	立聞《たちぎき》社例祭	禁断の酒だち・たばこだち等の神
一日	午前十時	海士子《あまご》社例祭	安産の神
辰日	午前八時	初辰祭	毎月初の辰日には楠珺社の月参りで賑わう
十日	午前十時	市戎大国社月次祭《つきなみ》	十日えびすに因む月次祭
十七日	午前十一時	種貸《たねかし》社神種《かんざね》祭	稲魂の信仰より、五穀の種を崇敬者に頒つ
五日	午前十時	侍者《おもと》社例祭	住吉大社初代神主と市姫を祀り、神と人との仲とりもちと縁結の神

三月 辰日	午前八時	初辰祭	毎月初の辰日には楠珺社の月参りで賑わう
十日	午前十時	市戎大国社月次祭	十日えびすに因む月次祭
二十一日	午前十一時	招魂《しょうこん》社春季例祭	住吉大社に縁の深い人々の祖霊神をまつる
四月 辰日	午前八時	初辰祭	毎月初の辰日には楠珺社の月参りで賑わう
申日	午前十時	五《ご》社春季例祭	津守家の大領・板屋・狛・津・高木・大宅・神奴の祖神をまつる
九日	午前十時	種貸《たねかし》社例祭	稲種を授かる信仰より初辰日は、商売繁昌・子宝の祈願で賑う
十日	午前十時	市戎大国社月次祭	十日えびすに因む月次祭
十四日	午前十時	鉾《ほこ》社例祭	楯社とともに本宮守護の神
五月 辰日	午前十時	楠珺《なんくん》社例大祭	〝初辰さん〟と親しまれ、毎月初の辰日は家内安全・商売繁昌の月参りで賑わい、大祭日は特に多い
十日	午前十時	市戎大国社月次祭	十日えびすに因む月次祭
十七日	午前十時	新宮《しんぐう》社例祭	熊野新宮に本社あり、熊野王子の一社なり
六月 一日	午前十時	貴船《きぶね》社例祭	祈雨の神にて京都市貴船に本社あり
辰日	午前八時	初辰祭	毎月初の辰日には楠珺社の月参りで賑わう

	十日	午前十時	市戎大国社月次祭	十日えびすに因む月次祭
	十五日	午前十時	八所《はっしょ》社例祭	勇猛の神にて、創業を守る
	十七日	午前十時	浅沢社例祭	弁天様と呼ばれ、芸能の神・女性の守護神。かきつばたの花が美しい
七月	七日	午前十時	星宮《ほしみや》例祭	星の神・竈の神
	辰日	午前八時	初辰祭	毎月初の辰日には楠珺社の月参りで賑わう
	十日	午前十時	市戎大国社月次祭	十日えびすに因む月次祭
	十四日	午前十一時	港住吉神社宵宮祭	大阪港に鎮座し、地域の氏神として海運・漁業の信仰を受ける
	十五日	午後一時	港住吉神社例大祭	
	二十一日	午前十時	斯主《このぬし》社例祭	津守家四十三代神主国盛の社。住吉大社中興の祖
八月	七日	午前十時	薄墨《うすずみ》社例祭	津守家三十九代神主国基の社。和歌の達人
	辰日	午前八時	初辰祭	毎月初の辰日には楠珺社の月参りで賑わう
	十日	午前十時	市戎大国社月次祭	十日えびすに因む月次祭
九月	一日	午前十時	楯《たて》社例祭	鉾社とともに本宮守護の神
	辰日	午前八時	初辰祭	毎月初の辰日には楠珺社の月参りで賑わう

九日	午前十時	志賀《しが》神社例祭（摂社）	福岡市志賀島に本社あり、海の神
十日	午前十時	市戎大国社月次祭	十日えびすに因む月次祭
十九日	午前十時	児安《こやす》社例祭	子育ての神
二十三日	午前十時	招魂《しょうこん》社秋季例祭	住吉大社に縁りの深い人々の祖霊神をまつる
十月			
辰日	午前八時	初辰祭	毎月初の辰日には楠珺社の月参りで賑わう
九日	午前十時	大歳《おおとし》社例祭	稲魂の神にて初辰日には家内安全・商売繁昌・身体健全の祈願で賑わう
十日	午前十時	市戎大国社月次祭	十日えびすに因む月次祭
十三日	午前十時	大海《だいかい》神社例祭（摂社）	海幸山幸神話で有名な海神と姫君をまつる。本殿は重要文化財指定
十六日	午前十時	龍《たつ》社例祭	井戸の神
十九日	午前十時	后土《ごど》社例祭	住吉大社全域の守護神で土地の神、鬼門の守護神
二十一日	午前十時	船玉《ふなたま》神社例祭（摂社）	船の守護神・飛行機の守護神
十一月			
辰日	午前八時	初辰祭	毎月初の辰日には楠珺社の月参りで賑わう
申日	午前十時	五《ご》社秋季例祭	津守家の大領・板屋・狛・津・高木・大宅・神奴祖神をまつる
十日	午前十時	市戎大国社月次祭	十日えびすに因む月次祭

十二月

辰日	午前八時	初辰祭	毎月初の辰日には楠珺社の月参りで賑わう
十日	午前十時	市戎大国社月次祭	十日えびすに因む月次祭

本書は2002年12月に刊行した『住吉大社』［改訂初版］の一部を訂正し「学生社 日本の神社シリーズ」として刊行するものです。

2002年12月10日 改訂版初刷発行
2003年 2月25日 改訂版3刷発行
2019年 5月15日 シリーズ版発行

住吉大社 学生社 日本の神社シリーズ

編 者 住 吉 大 社
発行者 宮 田 哲 男

発行所 株式会社 学 生 社
〒102-0071 東京都千代田区富士見2-6-9
TEL 03-6261-1474／FAX 03-6261-1475
印刷・製本／株式会社ティーケー出版印刷

ISBN 978-4-311-80113-6 C0021
N.D.C.175 240p 20cm

伊勢神宮

桜井勝之進

税別二四〇〇円

連綿と語り継がれてきた神宮の日々の祭り、新嘗祭、月次祭、祈年祭、式年遷宮の秘儀、心の御柱、神饌、境内摂末社など古代の純粋な祭りの姿を浮き彫りにする。

出雲大社

千家尊統

税別二四〇〇円

第八二出雲国国造が従来固く秘められてきた神秘な『火継式』や『古代新嘗祭』などの全貌をはじめて公開し、世間に大きな反響を巻き起こした注目の書。

大神神社

中山和敬

税別二四〇〇円

纏向遺跡やおおやまと古墳群の一角、最古の姿をとどめる神体山三輪山の磐座を御神体とする大神神社を祀った三輪族、三ツ鳥居、磐座祭祀、杉と蛇と酒などの秘められた謎！

水若酢神社

水若酢神社編

税別二四〇〇円

日本海・隠岐の島の一宮—祭神「水若酢命」と中言令・鈴御前、伝承と島神、特殊神事や古代を伝える宮相撲—古く延喜式の明神大社、水若酢神社の全て。

生田神社

加藤隆久

税別二四〇〇円

「へそだんご」の特殊神饌や「杉盛」など歴史と文学の舞台となった生田の森—蘇りの神社として記紀の古代から神戸の中心に鎮座する生田神社の知られざる全貌。